蘇民峰

風生水起

理氣篇

圓方立極

「天圓地方」是傳統中國的宇宙觀，象徵天地萬物，及其背後任運自然、生生不息、無窮無盡之大道。早在魏晉南北朝時代，何晏、王弼等名士更開創了清談玄學之先河，主旨在於透過思辨及辯論以探求天地萬物之道，當時是以《老子》、《莊子》、《易經》這三部著作為主，號稱「三玄」。東晉以後因為佛學的流行，佛法便也融匯在玄學中。故知，古代玄學實在是探索人生智慧及天地萬物之道的大學問。

可惜，近代之所謂玄學，卻被誤認為只局限於「山醫卜命相」五術及民間對鬼神的迷信，故坊間便泛濫各式各樣導人迷信之玄學書籍，而原來玄學作為探索人生智慧及天地萬物之道的本質便完全被遺忘了。

有見及此，我們成立了「圓方出版社」（簡稱「圓方」）。《孟子》曰：「不以規矩、不成方圓」。所以，「圓方」的宗旨，是以「破除迷信、重人生智慧」為規，藉以撥亂反正，回復玄學作為智慧之學的光芒；以「重理性、重科學精神」為矩，希望能帶領玄學進入一個新紀元。「破除迷信、重人生智慧」即「圓而神」，「重理性、重科學精神」即「方以智」，既圓且方，故名「圓方」。

出版方面，「圓方」擬定四個系列如下：

1.「智慧經典系列」：讓經典因智慧而傳世；讓智慧因經典而普傳。

2.「生活智慧系列」：藉生活智慧，破除迷信；藉破除迷信，活出生活智慧。

3.「五術研究系列」：用理性及科學精神研究玄學；以研究玄學體驗理性、科學精神。

4.「流年運程系列」：「不離日夜尋常用，方為無上妙法門。」不帶迷信的流年運程書，能導人向善、積極樂觀、得失隨順，即是以智慧趨吉避凶之大道理。

在未來，「圓方」將會成立「正玄會」，藉以集結一群熱愛「破除迷信、重人生智慧」及「重理性、重科學精神」這種新玄學的有識之士，並效法古人「清談玄學」之風，藉以把玄學帶進理性及科學化的研究態度，更可廣納新的玄學研究家，集思廣益，使玄學有另一突破。

作者簡介

蘇民峰 長髮，生於一九六〇年，人稱現代賴布衣，對風水命理等術數有獨特之個人見解。憑着天賦之聰敏及與術數的緣分，對於風水命理之判斷既快且準，往往一針見血，疑難盡釋。

以下是蘇民峰近三十年之簡介：

八三年 開始業餘性質會客以汲取實際經驗。

八六年 正式開班施教，包括面相、掌相及八字命理。

八七年 毅然拋開一切，隻身前往西藏達半年之久。期間曾遊歷西藏佛教聖地「神山」、「聖湖」，並深入西藏各處作實地體驗，對日後人生之看法實跨進一大步。回港後開設多間店鋪（石頭店），售賣西藏密教法器及日常用品予有緣人士，又於店內以半職業形式為各界人士看風水命理。

八八年 夏天受聘往北歐勘察風水，足跡遍達瑞典、挪威、丹麥及南歐之西班牙，回港後再受聘往加拿大等地勘察。同年接受《繽紛雜誌》訪問。

八九年 再度前往美加，為當地華人服務，期間更多次前往新加坡、日本、台灣等地。同年接受《城市周刊》訪問。

九〇年 夏冬兩次前往美加勘察，更多次前往台灣，又接受台灣之《翡翠雜誌》、《生活報》等多本雜誌訪問。同年授予三名入室弟子蘇派風水。

九一年 續去美加、台灣勘察。是年接受《快報》、亞洲電視及英國BBC國家電視台訪問。所有訪問皆詳述風水命理對人生的影響，目的為使讀者及觀眾能以正確態度去面對人生。同年又出版了「現代賴布衣手記之風水入門」錄影帶，以滿足對風水命理有研究興趣之讀者。

九二年 續去美加及東南亞各地勘察風水，同年BBC之訪問於英文電視台及衛星電視「出位旅程」播出。此年正式開班教授蘇派風水。

九四年 首次前往南半球之澳洲勘察，研究澳洲計算八字的方法與北半球是否不同。同年接受兩本玄學雜誌《奇聞》及《傳奇》之訪問。是年創出寒熱命論。

九五年 再度發行「風水入門」之錄影帶。同年接受《星島日報》及《星島晚報》之訪問。

九六年 受聘前往澳洲、三藩市、夏威夷、台灣及東南亞等地勘察風水。同年接受《凸周刊》、《一本便利》、《優閣雜誌》及美聯社、英國MTV電視節目之訪問。是年正式將寒熱命論授予學生。

九七年 首次前往南非勘察當地風水形勢。同年接受日本NHK電視台、丹麥電視台、《置業家居》、《投資理財》及《成報》之訪問。同年創出風水之五行化動土局。

九八年 首次前往意大利及英國勘察。同年接受《TVB周刊》、《B International》、《壹周刊》等雜誌之訪問，並應邀前往有線電視、新城電台、商業電台作嘉賓。

九九年 再次前往歐洲勘察，同年接受《壹周刊》、《東周刊》、《太陽報》及無數雜誌、報章訪問，同時應邀往商台及各大電視台作嘉賓及主持。此年推出首部著作，名為《蘇民峰觀相知人》，並首次推出風水鑽飾之「五行之飾」、「陰陽」、「天圓地方」系列，另多次接受雜誌進行有關鑽飾系列之訪問。

二千年

再次前往歐洲、美國勘察風水，並首次前往紐約，同年 masterso.com 網站正式成立，並接受多本雜誌訪問關於網站之內容形式，及接受校園雜誌《Varsity》、日本之《Marie Claire》、復康力量出版之《香港 100 個叻人》、《君子》、《明報》等雜誌報章作個人訪問。同年首次推出第一部風水著作《蘇民峰風生水起（巒頭篇）》、第一部流年運程書《蛇年運程》及再次推出新一系列關於風水之五行鑽飾，並應無線電視、商業電台、新城電台作嘉賓主持。

〇一年

再次前往歐洲勘察風水，同年接受《南華早報》、《忽然一週》、《蘋果日報》、日本雜誌《花時間》、NHK 電視台、關西電視台及《讀賣新聞》之訪問，以及應紐約華語電台邀請作玄學節目嘉賓主持。同年再次推出第二部風水著作《蘇民峰風生水起（理氣篇）》及《馬年運程》。

〇二年

再一次前往歐洲及紐約勘察風水。續應紐約華語電台邀請作玄學節目嘉賓主持，及應邀往香港電台作嘉賓主持。是年出版《蘇民峰玄學錦囊（相掌篇）》、《蘇民峰八字論命》、《蘇民峰玄學錦囊（姓名篇）》。同年接受《3週刊》、《家週刊》、《快週刊》、《讀賣新聞》之訪問。

〇三年

再次前往歐洲勘察風水，並首次前往荷蘭，續應紐約華語電台邀請作玄學節目嘉賓主持。同年接受《星島日報》、《東方日報》、《成報》、《太陽報》、《壹周刊》、《一本便利》、《蘋果日報》、《新假期》、《文匯報》、《自主空間》之訪問，及出版《蘇民峰玄學錦囊（風水天書）》與漫畫《蘇民峰傳奇1》。

〇四年

再次前往西班牙、荷蘭、歐洲勘察風水，續應紐約華語電台邀請作風水節目嘉賓主持，及應有線電視、華娛電視之邀請作其節目嘉賓，同年接受《新假期》、《MAXIM》、《壹周刊》、《太陽報》、《東方日報》、《星島日報》、《成報》、《經濟日報》、《快週刊》、《Hong Kong Tatler》之訪問，及出版《蘇民峰之生活玄機點滴》、漫畫《蘇民峰傳奇2》、《家宅風水基本法》、《The Essential Face Reading》、《The Enjoyment of Face Reading and Palmistry》、《Feng Shui by Observation》及《Feng Shui — A Guide to Daily Applications》。

○五年始 應邀為無線電視、有線電視、亞洲電視、商業電台、日本NHK電視台作嘉賓或主持，同時接受《壹本便利》、《味道雜誌》、《三週刊》、《HMC》雜誌、《壹週刊》之訪問，並出版《觀掌知心（入門篇）》、《中國掌相》、《八字萬年曆》、《八字入門捉用神》、《八字進階論格局看行運》、《生活風水點滴》、《風生水起（商業篇）》、《風生水起（例證篇）》、《風生水起（巒頭篇）》、《如何選擇風水屋》、《談情説相》、《峰狂遊世界》、《瘋蘇Blog Blog趣》、《師傅開飯》、《蘇民峰美食遊蹤》、《A Complete Guide to Feng Shui》、《Practical Face Reading & Palmistry》、《Feng Shui — a Key to Prosperous Business》、五行化動土局套裝、《相學全集一至四》等。

蘇民峰顧問有限公司
電話：2780 3675
傳真：2780 1489
網址：www.masterso.com
預約時間：星期一至五（下午二時至七時）

自序

堪輿學在中國流傳已有數千年歷史，自古代人穴居野處之時，便開始留意哪處地方不受風吹雨打，哪處地方不受猛獸侵襲，哪處地方冬暖夏涼，能夠成為安身之所。直至晉代郭璞《葬經》出，再至唐代楊筠松、宋代吳景鸞、明末蔣大鴻、清末沈竹礽，風水之說漸為世人所認識。

因堪輿學在古代為帝皇之術，民間不易流傳。且古代之風水師傳術於其弟子，大多都是口耳相傳或父子相傳，其間多保留部分以為己用，怕其術所傳非人，或怕弟子青出於藍。直至清末沈竹礽著有《沈氏玄空學》，其秘奧才一一揭開。而我寫這本書的目的，只是秉承前人之風，把風水之術用現代之文字，深入淺出地描述，讓每一位對風水有興趣之朋友，都有機會一探其秘奧，從而使這門學說更加發揚光大。

蘇民峰

目錄

風水佈局

理氣風水

風水學說可分為巒頭和理氣兩種。巒頭為有形可見之物，而理氣則要通過計算方可得出其吉凶結果，且各家計算方法不同，以致吉凶有異。

理氣大致可分為八宅法、飛星法、玄空大卦及三合法。而八宅法、飛星法多用於陽宅方面，玄空大卦及三合法則多用於陰宅方面。我在本書主要講述的是飛星法與八宅法怎樣運用於陽宅風水上。我會深入淺出，只重實效，不重理論，務使各讀者熟讀此書便能運用自如。

基本知識

風生水起理氣篇

風水基本知識

學習風水之前，首先要認識風水學上常用之基本知識，如五行相生相剋、十天干、十二地支及八卦等。

五行

五行——木、火、土、金、水。

五行相生——木生火、火生土、土生金、金生水、水生木。

五行相剋——木剋土、土剋水、水剋火、火剋金、金剋木。

五行代表——木，代表東方、春季。

火，代表南方、夏季。

土，代表中央、三、六、九、十二月。

金，代表西方、秋季。

水，代表北方、冬季。

天干地支

十天干——甲、乙、丙、丁、戊、己、庚、辛、壬、癸。

天干	陰陽五行
甲	陽木
乙	陰木
丙	陽火
丁	陰火
戊	陽土
己	陰土
庚	陽金
辛	陰金
壬	陽水
癸	陰水

十二地支──子、丑、寅、卯、辰、巳、午、未、申、酉、戌、亥。

地支	五行	生肖	月份	時間
子	陽水	鼠	十一月	晚上十一時至凌晨一時
丑	陰土	牛	十二月	凌晨一時至三時
寅	陽木	虎	一月	上午三時至五時
卯	陰木	兔	二月	上午五時至七時
辰	陽土	龍	三月	上午七時至九時
巳	陰火	蛇	四月	上午九時至十一時
午	陽火	馬	五月	上午十一時至下午一時
未	陰土	羊	六月	下午一時至三時
申	陽金	猴	七月	下午三時至五時
酉	陰金	雞	八月	下午五時至七時
戌	陽土	狗	九月	下午七時至九時
亥	陰水	豬	十月	下午九時至十一時

地支	方位	季節
寅卯辰	東方	春季
巳午未	南方	夏季
申酉戌	西方	秋季
亥子丑	北方	冬季

河圖

河圖及洛書在中國之易學上有着很重要的地位，相傳河圖是伏羲氏時，有一龍馬從黃河而出，其背負有河圖。河圖之應用方法很廣，但與本文無關，現把有關風水的用法略述如下：

河圖之數由一至十，為天地生成之數：「天一、地二、天三、地四、天五、地六、天七、地八、天九、地十」。

天地萬物皆由陰陽交合而成，單數為陽，雙數為陰，如下：

天一生水，地六成之。

地二生火，天七成之。

天三生木，地八成之。

地四生金，天九成之。

天五生土，地十成之。

而土居中央，因萬物皆賴土而生，無土則不成矣。

下圖顯示：

一、六共宗，二、七同途，

三、八為朋，四、九為友，

五、十居中。

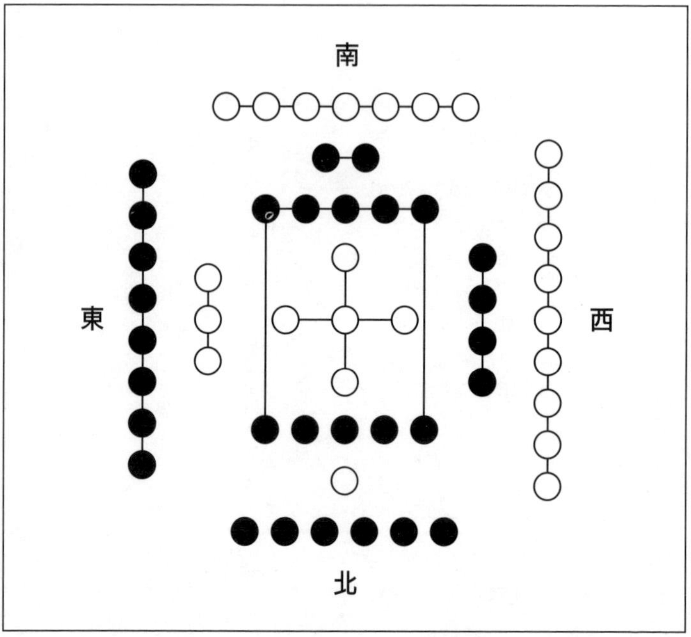

圖象

洛書

相傳大禹治水之時，有神龜出洛水，而其背所顯示之圖案，就是洛書。

而圖案之分佈為：

履一載九，左三右七，
二四為肩，六八為足，
五十同途。

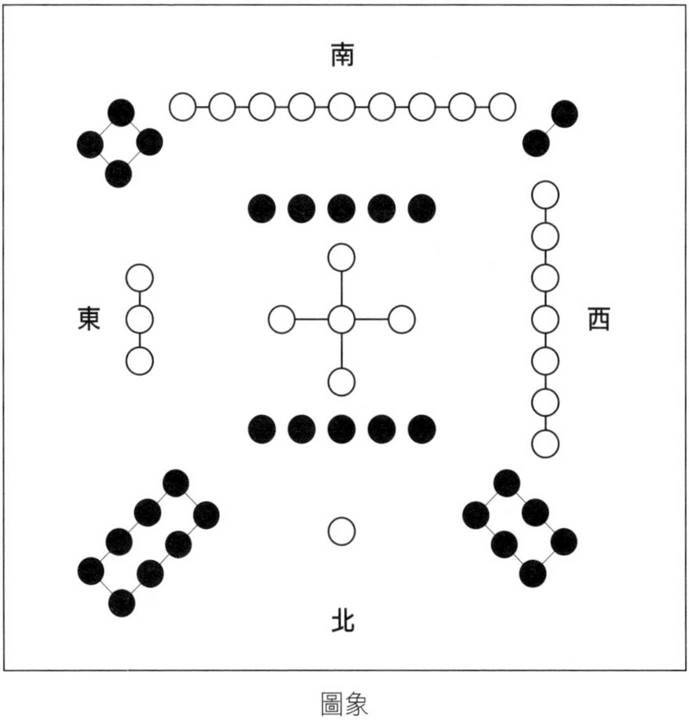

圖象

太極

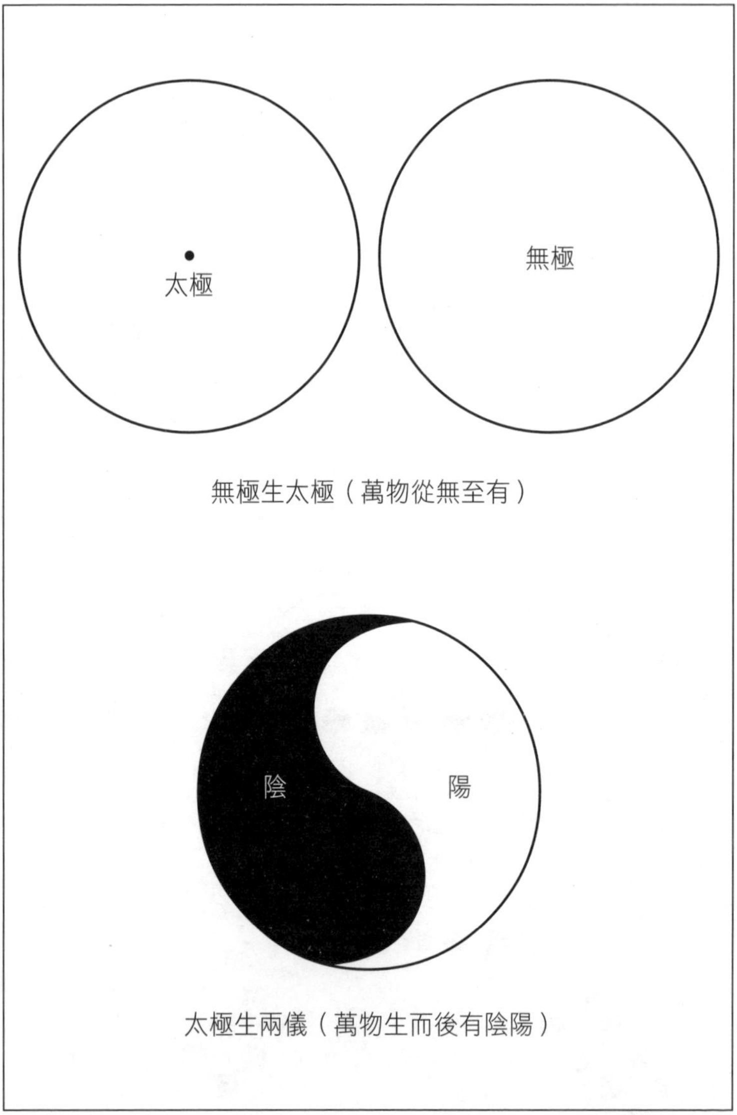
太極
無極
無極生太極（萬物從無至有）
陰
陽
太極生兩儀（萬物生而後有陰陽）

太極演變圖一

兩儀生四象（陽極陰生，陰極陽生而成「太陽」、「少陽」、「太陰」、「少陰」。）四數生八卦

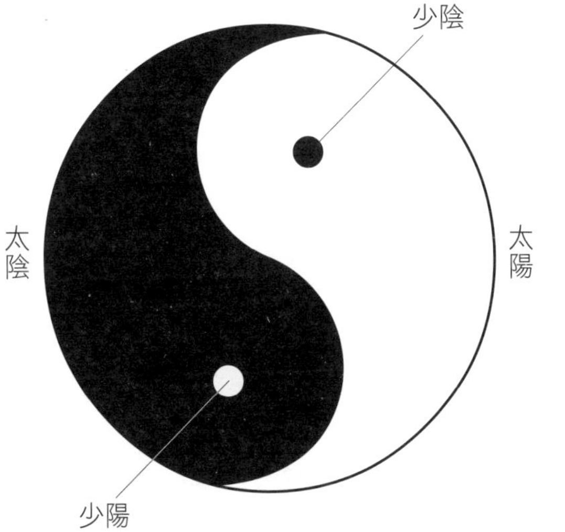

四象生八卦							
陰				陽			
太陰		少陽		少陰		太陽	
坤	艮	坎	巽	震	離	兑	乾

太極演變圖二

先天八卦

先天八卦，「其象陰陽相對，其數合九」，先天卦以最下一畫相連為陽，斷開為陰。陰陽交媾而萬物生。其陰陽分界線在東北、西南（丑、未）。

八卦卦象——乾三連——☰「天」
坤六斷——☷「地」
震仰盂——☳「雷」
艮覆碗——☶「山」
離中虛——☲「火」
坎中滿——☵「水」
兌上缺——☱「澤」
巽下斷——☴「風」

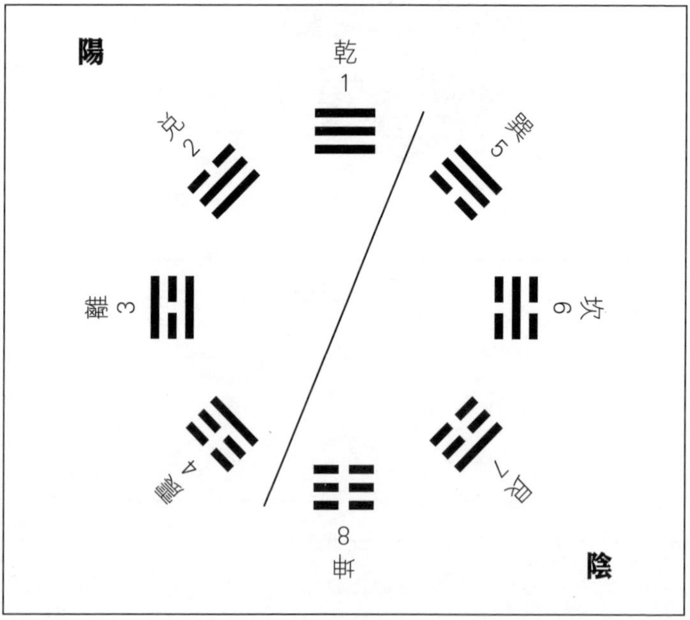

先天八卦

後天八卦

後天八卦，以春、夏、秋、冬，木、火、金、水，東、南、西、北，依次排列。

乾為陽，為父，帶三子：震為長男，坎為中男，艮為少男。坤為陰，為母，帶三女：巽為長女，離為中女，兌為少女。

其卦數相對合十，與洛書大數相同，而五暗在其中，故萬物得以生成。其陰陽分界線在西北、東南（戌、辰）。

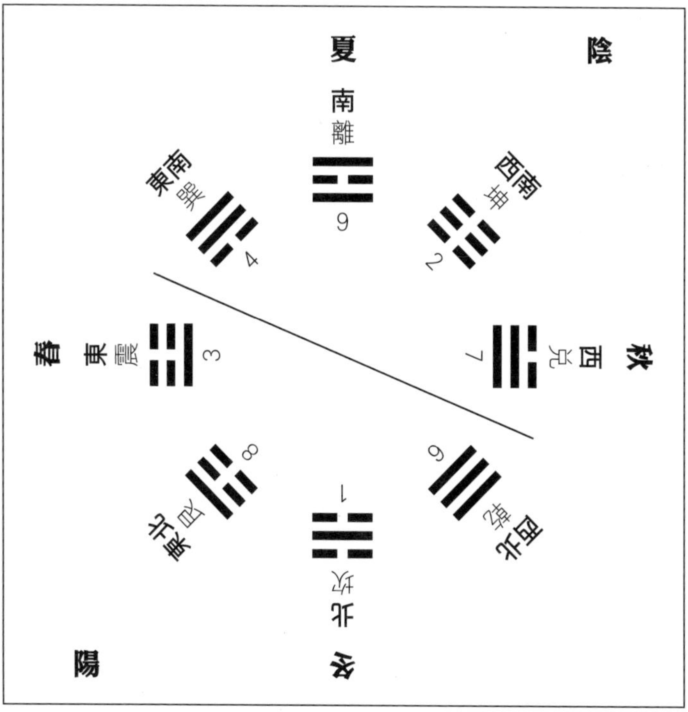

後天八卦

八卦所屬五行及方位（皆以後天八卦為用）：

八卦	陰陽五行	方位
乾 ☰	陽金	西北
坎 ☵	陽水	正北
艮 ☶	陽土	東北
震 ☳	陽木	正東
巽 ☴	陰木	東南
離 ☲	陰火	正南
坤 ☷	陰土	西南
兌 ☱	陰金	正西

八卦所屬之身體部位：

八卦	身體部位
乾	頭、骨、肺、大腸
坎	耳、血、腎、膀胱
艮	手、指、背、鼻、脾胃
震	足、肝、膽
巽	股、肝、膽
離	眼、心、血、小腸
坤	腹、脾胃
兌	口、舌、肺、大腸

八卦所代表之人物、事物：

八卦	身體部位	八卦	身體部位
乾（天）	父、官府、上司、長輩	巽（風）	長女、僧尼、繩、仙道、植物
坎（水）	中男、酒、水、溝瀆、血	離（火）	中女、文書、目、燥
艮（山）	少男、狗	坤（地）	母、老婦、土、牛
震（雷）	長男、髮、蛇、地震、樹木	兌（澤）	少女、口舌、下屬、婢妾

九星代表：

一白——水、貪狼、桃花、官星、文昌。

二黑——土、巨門、病符。

三碧——木、祿存、爭鬥、蚩尤星。

四綠——木、文曲、天輔、太乙。

五黃——土、廉貞、死符。

六白——金、武曲、將星。
七赤——金、破軍、賊星。
八白——土、左輔、財星。
九紫——火、右弼、喜氣星。

八宅法

風生水起理氣篇

宅卦與命卦

運用八宅法時，首先要把宅的方向定出，然後以坐方為宅主卦，再從宅主卦之卦象配合各方之變爻，從而得出屋內之四吉方、四凶方，只要再把宅主人的命卦找出來加以配合便可。下表列出八宅定宅法：

八宅	大門坐向
坎	坐正北大門向正南 （大門向 157½度— 202½度）
艮	坐東北大門向西南 （大門向 202½度— 247½度）
震	坐正東大門向正西 （大門向 247½度— 292½度）
巽	坐東南大門向西北 （大門向 292½度— 337½度）
離	坐正南大門向正北 （大門向 337½度— 22½度）
坤	坐西南大門向東北 （大門向 22½度— 67½度）
兌	坐正西大門向正東 （大門向 67½度— 112½度）
乾	坐西北大門向東南 （大門向 112½度— 157½度）

東四宅、西四宅及東四命、西四命

根據八宅法的法則，「太陽」所屬之「乾卦」、「兑卦」，「太陰」所屬之「艮卦」、「坤卦」為一組，因內裏包含兑卦，而兑代表西，為方便記憶，所以此組稱之為「西四宅」。

「少陰」所屬之「離卦」、「震卦」，「少陽」所屬之「巽卦」、「坎卦」為一組，因內裏包含震卦，震代表東，所以此組稱為「東四宅」。

我們得出東西四宅後，繼而要找出自己所屬之命卦——

乾、兑、艮、坤為西四命；

離、震、巽、坎為東四命。

找尋命卦之方法

三元甲子分界（只錄近一百八十年）：

上元甲子——

（一）上元一運：一八六四甲子——一八八三癸未
（二）上元二運：一八八四甲申——一九〇三癸卯
（三）上元三運：一九〇四甲辰——一九二三癸亥

中元甲子——

（一）中元四運：一九二四甲子——一九四三癸未
（二）中元五運：一九四四甲申——一九六三癸卯
（三）中元六運：一九六四甲辰——一九八三癸亥

下元甲子——

（一）下元七運：一九八四甲子——二〇〇三癸未

（二）下元八運：二〇〇四甲申——二〇二三癸卯

（三）下元九運：二〇二四甲辰——二〇四三癸亥

我們知道自己所屬之出生元運後，便可計算自己所屬的命卦。而命卦是從一代表坎卦至九代表離卦為一個循環。

男命，上元甲子年出生，其命卦從1起，逆數至乙丑年為9，丙寅年為8，丁卯年為7，戊辰年為6，己巳年為5等，餘此類推。現列表如下：

男命

（一）上元甲子起1		乙丑9
（二）中元甲子起4	逆行	乙丑3
（三）下元甲子起7		乙丑6

女命

（一）上元甲子起5		乙丑6
（二）中元甲子起2	順行	乙丑3
（三）下元甲子起8		乙丑9

三元命宮檢查表

癸酉		壬申		辛未		庚午		己巳		戊辰		丁卯		丙寅		乙丑		甲子		干支
女	男	女	男	女	男	女	男	女	男	女	男	女	男	女	男	女	男	女	男	性別
5	1	4	2	3	3	2	4	1	5	9	6	8	7	7	8	6	9	5	1	上
2	4	1	5	9	6	8	7	7	8	6	9	5	1	4	2	3	3	2	4	中
8	7	7	8	6	9	5	1	4	2	3	3	2	4	1	5	9	6	8	7	下

癸未		壬午		辛巳		庚辰		己卯		戊寅		丁丑		丙子		乙亥		甲戌		干支
女	男	女	男	女	男	女	男	女	男	女	男	女	男	女	男	女	男	女	男	性別
6	9	5	1	4	2	3	3	2	4	1	5	9	6	8	7	7	8	6	9	上
3	3	2	4	1	5	9	6	8	7	7	8	6	9	5	1	4	2	3	3	中
9	6	8	7	7	8	6	9	5	1	4	2	3	3	2	4	1	5	9	6	下

癸巳		壬辰		辛卯		庚寅		己丑		戊子		丁亥		丙戌		乙酉		甲申		干支
女	男	女	男	女	男	女	男	女	男	女	男	女	男	女	男	女	男	女	男	性別
7	8	6	9	5	1	4	2	3	3	2	4	1	5	9	6	8	7	7	8	上
4	2	3	3	2	4	1	5	9	6	8	7	7	8	6	9	5	1	4	2	中
1	5	9	6	8	7	7	8	6	9	5	1	4	2	3	3	2	4	1	5	下

癸卯		壬寅		辛丑		庚子		己亥		戊戌		丁酉		丙申		乙未		甲午		干支
女	男	女	男	女	男	女	男	女	男	女	男	女	男	女	男	女	男	女	男	性別
8	7	7	8	6	9	5	1	4	2	3	3	2	4	1	5	9	6	8	7	上
5	1	4	2	3	3	2	4	1	5	9	6	8	7	7	8	6	9	5	1	中
2	4	1	5	9	6	8	7	7	8	6	9	5	1	4	2	3	3	2	4	下

癸丑		壬子		辛亥		庚戌		己酉		戊申		丁未		丙午		乙巳		甲辰		干支
女	男	女	男	女	男	女	男	女	男	女	男	女	男	女	男	女	男	女	男	性別
9	6	8	7	7	8	6	9	5	1	4	2	3	3	2	4	1	5	9	6	上
6	9	5	1	4	2	3	3	2	4	1	5	9	6	8	7	7	8	6	9	中
3	3	2	4	1	5	9	6	8	7	7	8	6	9	5	1	4	2	3	3	下

癸亥		壬戌		辛酉		庚申		己未		戊午		丁巳		丙辰		乙卯		甲寅		干支
女	男	女	男	女	男	女	男	女	男	女	男	女	男	女	男	女	男	女	男	性別
1	5	9	6	8	7	7	8	6	9	5	1	4	2	3	3	2	4	1	5	上
7	8	6	9	5	1	4	2	3	3	2	4	1	5	9	6	8	7	7	8	中
4	2	3	3	2	4	1	5	9	6	8	7	7	8	6	9	5	1	4	2	下

以上之圖表是為了方便各位讀者查閱而設的，例如於一九七〇年出生者，男命A，依計算所得，一九七〇為中元六運，而一九七〇年為庚戌年，查表所得為「3」，三為震。

又如一九七四年出生，女命B，一九七四年為甲寅年，為中元六運，查表所得為「7」，七為兑。

我們當然有更容易的計算方法——

男命公式：「（100減出生年）除9」，得出之餘數為命宮數。除盡即是9。

男命A即為：「（100減70）除9」，其餘數得出為「3」。

女命公式：「（出生年減4）除9」，得出之餘數為命宮數。除盡即是9。

女命B即為：「（74減4）除9」，其餘數得出為「7」。

但以上公式只適用於一九〇〇年至一九九九年出生之人士。而二〇〇〇年至二〇〇九年出生者則可在男命「餘數減1」，女命「餘數加1」。

或用新的方程式──

男命：「（99減出生年）除9減1」。

女命：「（出生年減3）除9加1」。

例如：

男命生於二〇一四年，其公式為：「（99減14）除9」，其餘數得出為「4」。

女命生於二〇一四年，其公式為：「（14減3）除9」，其餘數得出為「2」。

我們得出其餘數後，便可從餘數得知自己所屬之命卦──

餘數1：為坎卦命（東四命）。

餘數2：為坤卦命（西四命）。

餘數3：為震卦命（東四命）。

餘數4：為巽卦命（東四命）。

餘數5：因5無卦無方位，需另託他卦為用。
　男命寄坤卦（西四命），女命寄艮卦（西四命）。
餘數6：為乾卦命（西四命）。
餘數7：為兑卦命（西四命）。
餘數8：為艮卦命（西四命）。
餘數9：為離卦命（東四命）。

得知宅卦及命卦以後，便可互相配合使用——

東四命人宜配東四宅，西四命人宜配西四宅。由於八宅法的原理是從宅卦及命卦的卦爻比對其他七個卦的卦爻，所以如東西相配，就會產生相同的吉凶結果，否則宅吉則人凶，人吉則宅凶。

八宅吉凶方位之計算口訣

（一）三爻不變叫「伏位」
（二）三爻全變叫「延年」
（三）只變上爻叫「生氣」
（四）變中下爻叫「天醫」
（五）變上中爻叫「五鬼」
（六）變上下爻叫「六煞」
（七）只變中爻叫「絕命」
（八）只變下爻叫「禍害」

四吉方——伏位、延年、生氣、天醫。
四凶方——五鬼、六煞、絕命、禍害。

星煞吉凶、五行口訣——

生氣貪狼星屬木上吉，延年武曲星屬金上吉。
天醫巨門星屬土中吉，伏位輔弼星屬木小吉。
絕命破軍星屬金大凶，五鬼廉貞星屬火大凶。
禍害祿存星屬土次凶，六煞文曲星屬水次凶。

從上口訣得知，每星皆有其五行所屬，而每方位亦有其所屬五行，於是便會產生相生相剋，從而衍生吉凶結果。

八宅每局之四吉位和四凶方

八宅定位方法是先看大門所向為何度，然後以坐方為宅主卦，再從宅主卦順時針方向，把其他方位所代表的卦一一排列，然後再將每卦與宅主卦相比。每卦由三爻組成，從而產生不同之卦爻，如上爻不同即上爻變，中爻不同則中爻變，下爻不同即下爻變等。

現列出八個宅的變爻吉凶如下——

乾宅吉凶圖——即坐西北大門向東南（向 $112\frac{1}{2}$ 度— $157\frac{1}{2}$ 度）

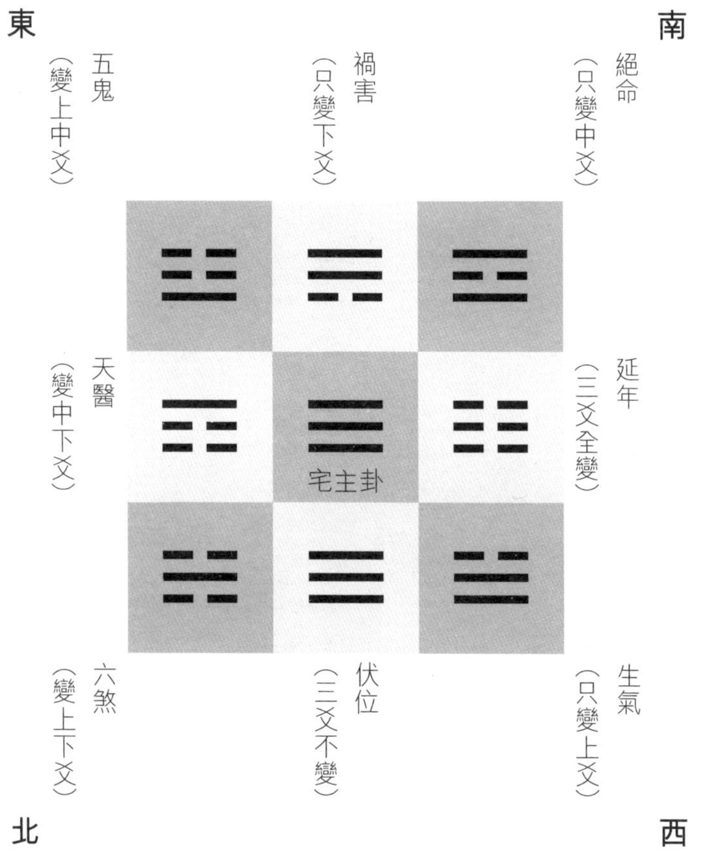

坎宅吉凶圖——即坐正北大門向正南（向157½度—202½度）

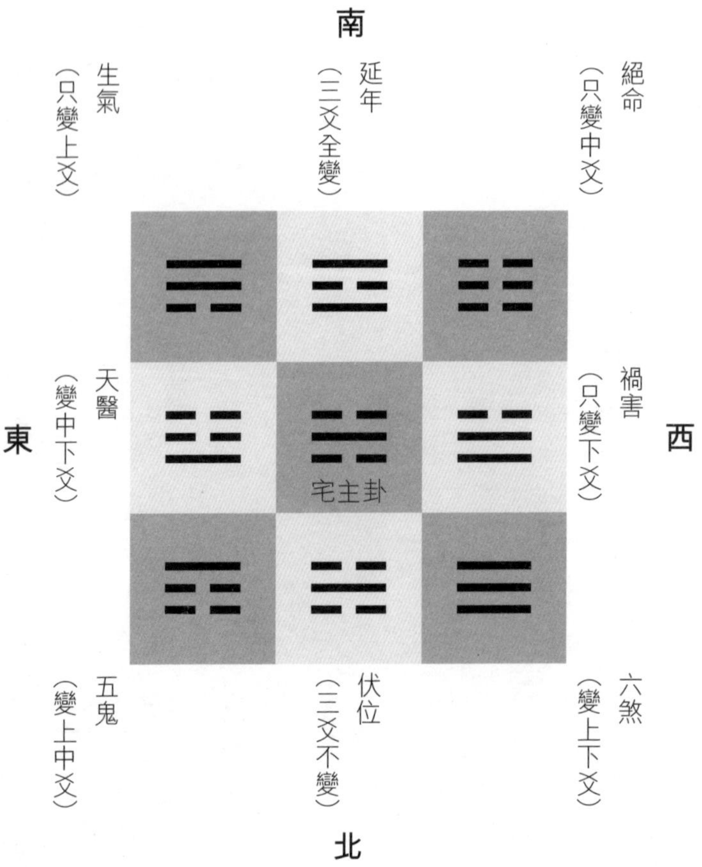

艮宅吉凶圖——即坐東北大門向西南（向 202 ½ 度— 247 ½ 度）

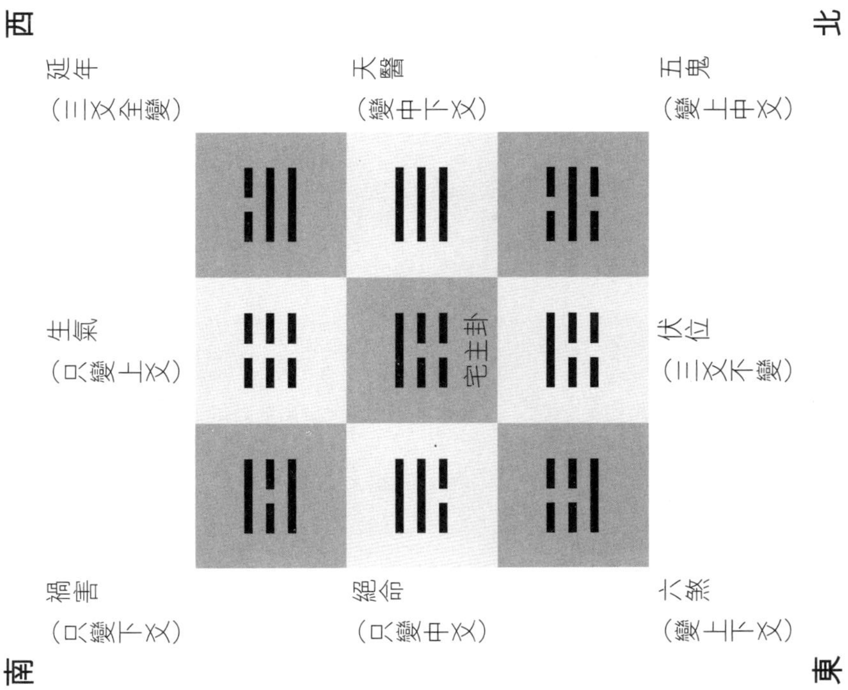

震宅吉凶圖——即坐正東大門向正西（向 247 ½ 度— 292 ½ 度）

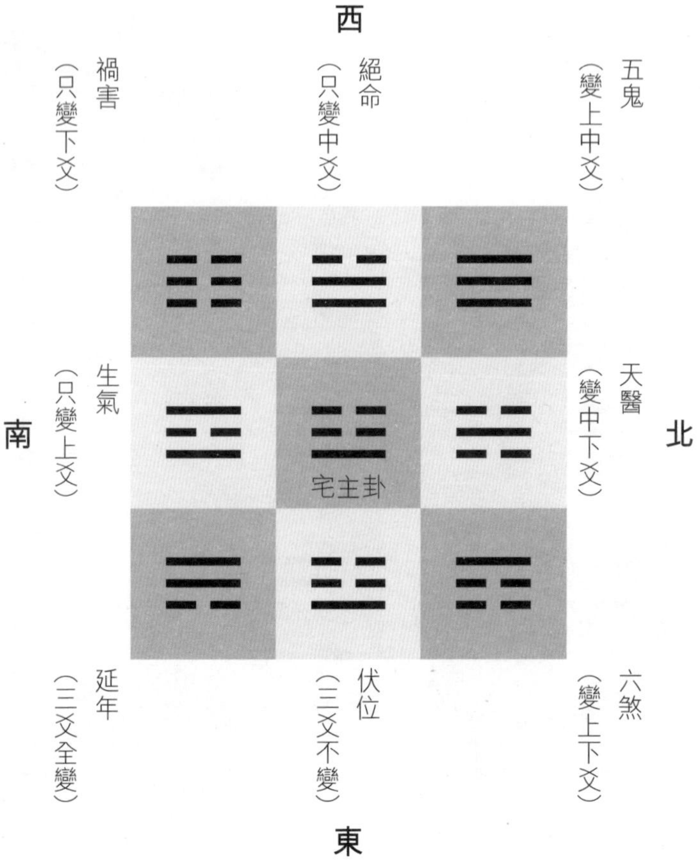

巽宅吉凶圖——即坐東南大門向西北（向$292\frac{1}{2}$度—$337\frac{1}{2}$度）

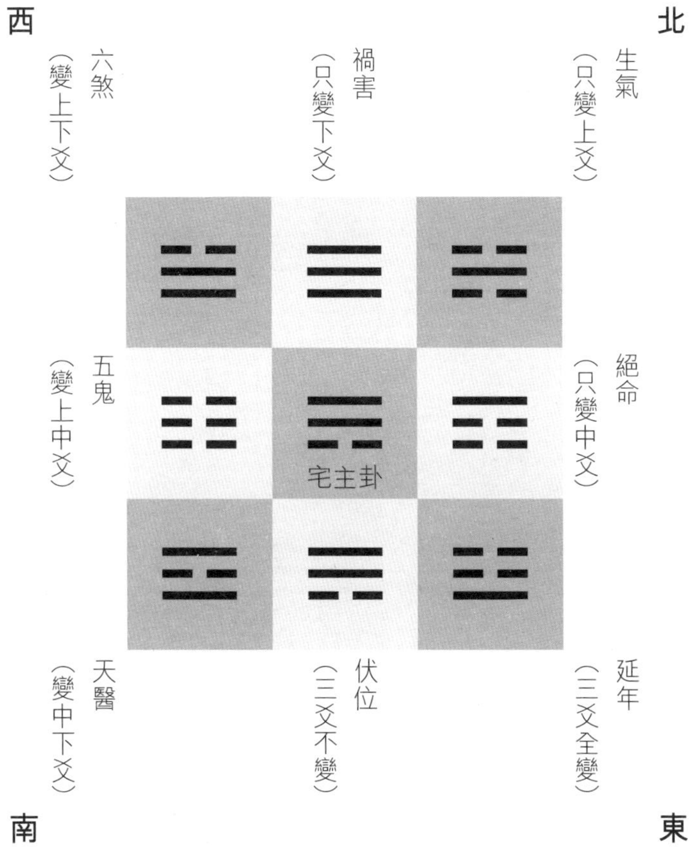

離宅吉凶圖——即坐正南大門向正北（向337½度—22½度）

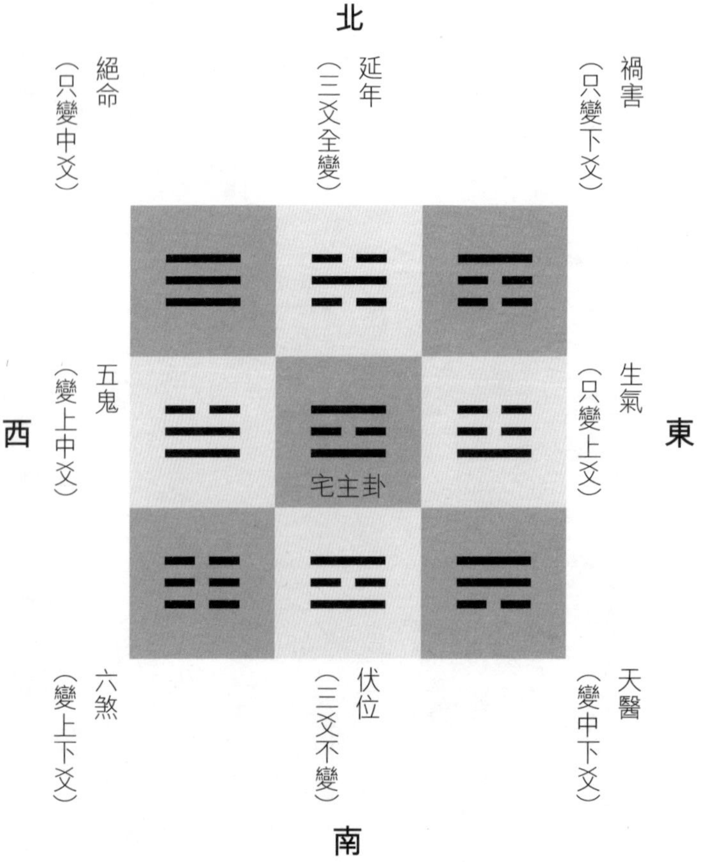

坤宅吉凶圖——即坐西南大門向東北（向22½度—67½度）

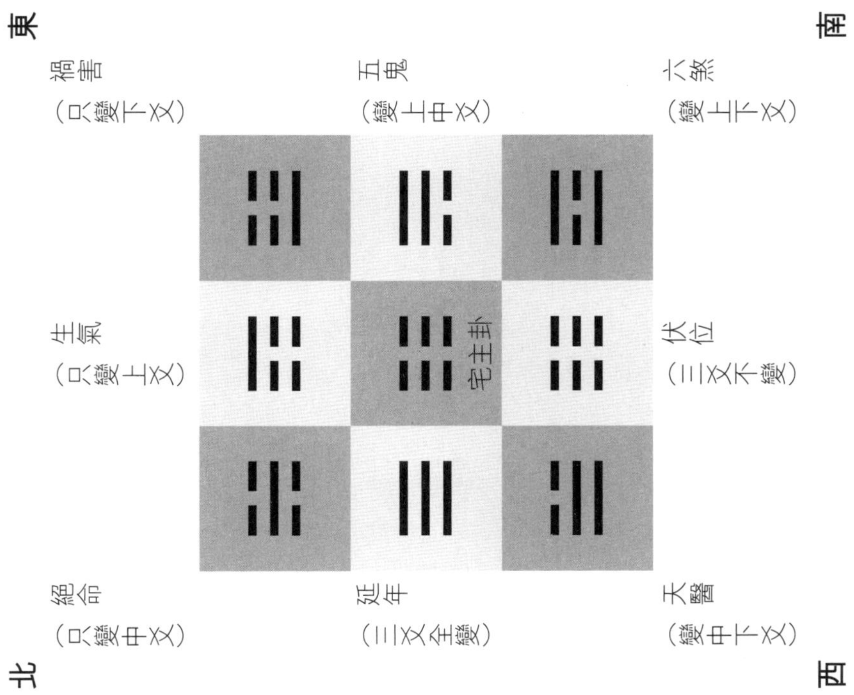

兌宅吉凶圖——即坐正西大門向正東（向67½度—112½度）

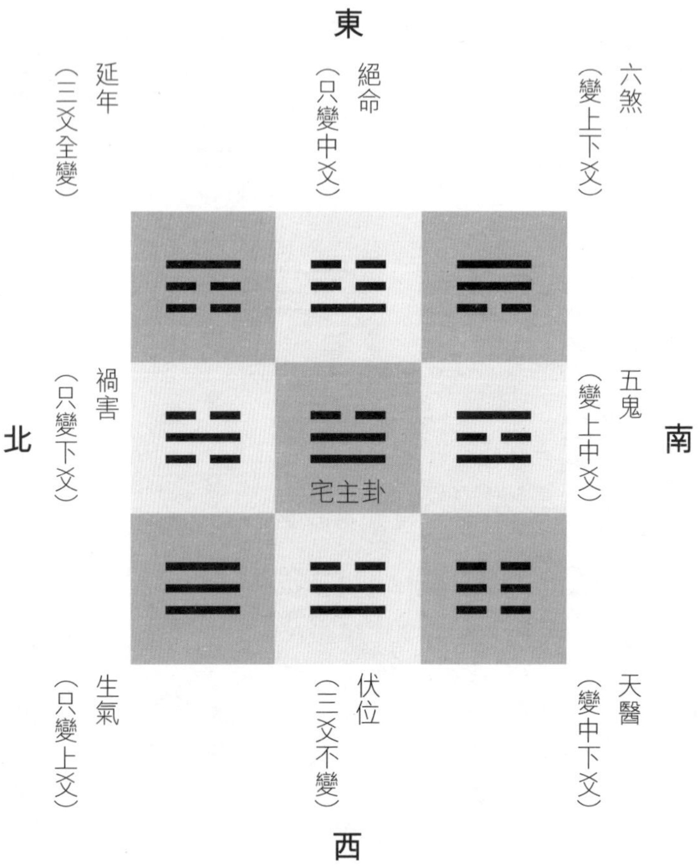

我們得出每宅吉凶方位後，進一步便要知道四吉方及四凶方之用途。

四吉方——

（一）伏位——宜作睡房或擺放神位之用，主人口平安，上下和睦。
忌作浴廁、廚房，主不利身體，尤其是女主人。

（二）延年——宜作主人睡房、大門、廚房，主一家和諧，長幼有序。
忌作浴廁，主家內大小易生磨擦，夫妻同牀異夢。

（三）生氣——宜作睡房、廚房、大門，主生貴子，聰明勤學。
忌作浴廁，主小孩疾病，主人難於受孕、小產。

（四）天醫——宜作主人睡房、廚房、大門，主財運佳，身體健康，生意興隆，大病化小，小病化無，旺女。
忌作浴廁，主退財、漏財，不利女性。

四凶方——

（一）五鬼——宜作廁所、浴室、士多房、衣帽間，主五鬼不能作禍，且能幫助宅主人。

忌作主人房，主夫妻不睦、多病；大門，主人緣不佳；廚房，一家人易生疾病，屢醫無效，尤以下廚者最應驗。

（二）六煞——宜作浴廁，主得異性之助，一家大小勤儉，每多巧遇。亦宜作單身人士之居室，主易有桃花，人緣佳。

忌作主人房，主夫妻不睦、同牀異夢，夫有外遇，妻有情人；但如果夫妻皆從事對外工作，亦主人緣佳，但仍要看個人定力而論。

（三）絕命——宜作浴廁，主絕處逢生，往往有橫財之喜，貴人常臨。

忌作主人房、廚房，主小病常臨，身體不佳，貴人無助。

（四）禍害——宜作浴廁，主出入平安，合家災少，有事亦易化解。

忌作主人房、廚房，主是非多，人事不和。

總結來說，四吉方宜作主人房、睡房、書房、廚房之用；四凶方則宜作浴廁、儲物室、衣帽間。

但礙於香港居住環境所限，總無可能把家中一半方位棄之不用，而且根據筆者多年經驗，天醫為財位，六煞為桃花位，只有五鬼一方為凶位，只要盡量避免用五鬼位置便可，其餘絕命、禍害影響不大。

趨吉避凶法

如室內間隔許可的話，即使遇五鬼臨主人房或廚房，亦可更改。就算不能把主人房或廚房移離五鬼方，亦可把牀及灶移離五鬼方。

例一

從下圖（見圖一）得出主人房為六煞桃花位，有利單身人士居住，但天醫在浴廁有漏財之象，而灶位在五鬼亦不利健康，但我們總不能把廚房及廁所掉轉。

從緩急輕重來算，廁所於天醫方，最多是漏財，只要我們把錢財放於不動產，如債券、股票、房地產上，便無財可漏；

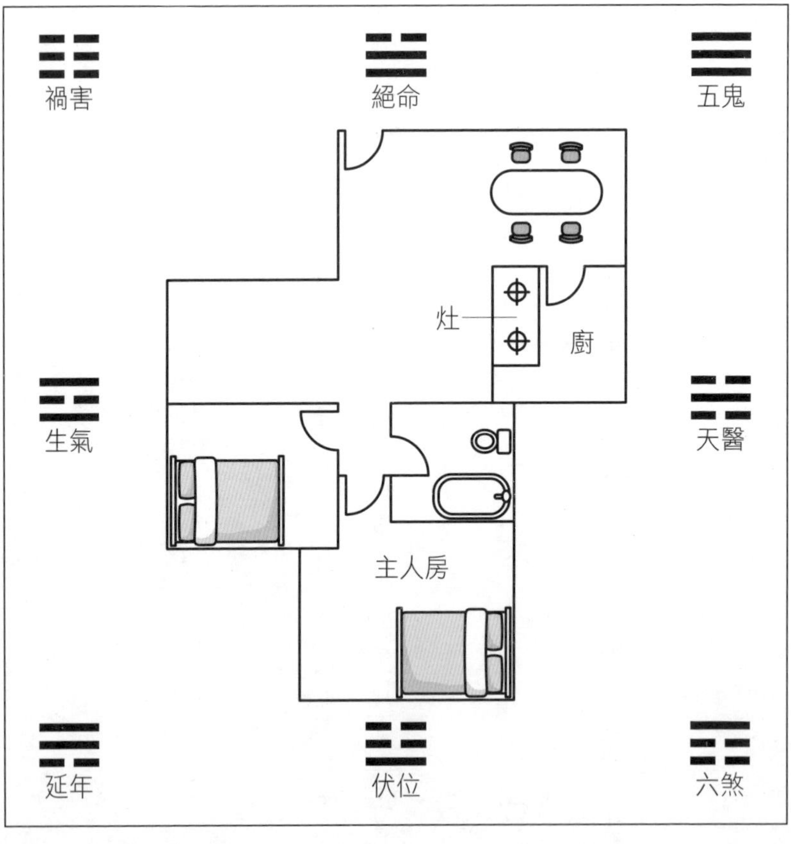

（圖一）東區某大型屋苑，坐東向西之宅。

但廚房火爐在五鬼方則會疾病常臨，屢醫無效，所以不得不解決。

雖然最簡單之化解方法是在火爐放黃色卡及葫蘆瓜乾，或棄廚房而不用，但如果格局許可的話，還是把火爐位改去其他吉方較為徹底。

現改動如下圖（見圖二）。

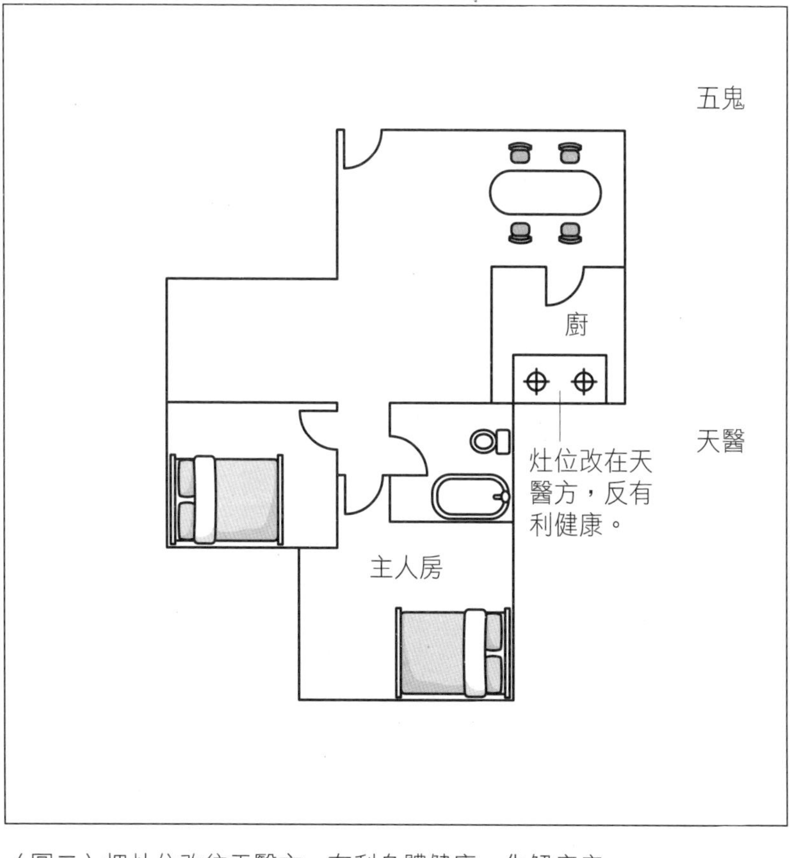
五鬼
廚
天醫
灶位改在天醫方，反有利健康。
主人房

（圖二）把灶位改往天醫方，有利身體健康，化解疾病。

例二——

兩房兩廳為香港最常見之單位。例二單位犯了兩個毛病，其一是絕命在廚房，其二是五鬼在②號房睡牀（見圖一）。雖然另一房間也犯六煞，但只要是單身人士居住，反而更利人緣桃花。而絕命在廚房亦不一定以凶論，還要察看有否與命卦相剋，才可以下結論。此圖絕命位為坤方，坤卦屬土，土

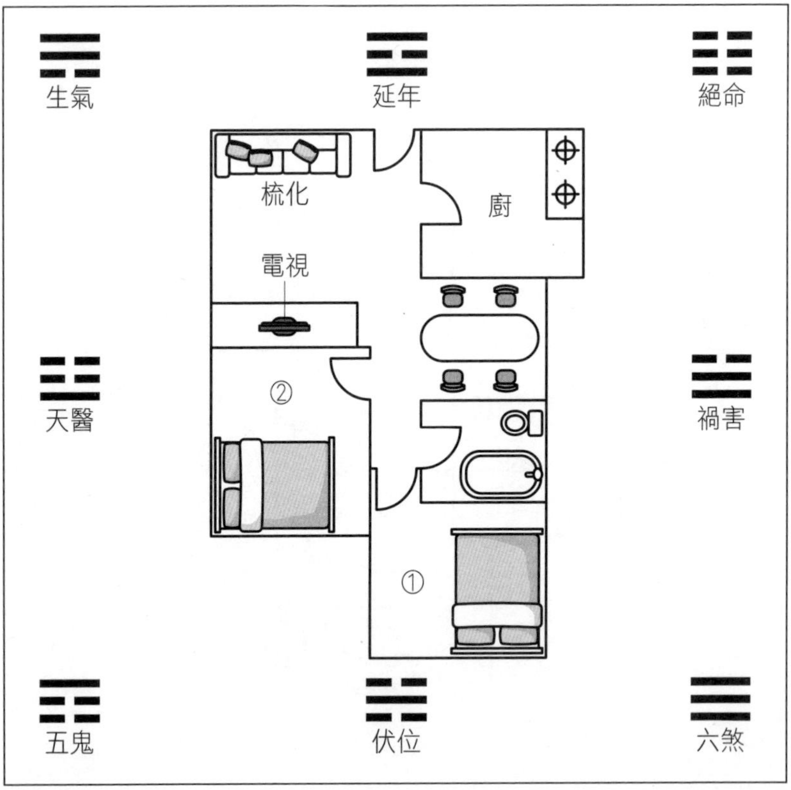

（圖一）坎宅，房①在六煞桃花位，房②在五鬼與天醫位，但睡牀在五鬼位內，故凶。

剋水，唯不利坎卦命人，其他命卦則無大礙。所以剩下的唯一問題就是五鬼在睡牀，而五鬼為凶位，如加以命卦相剋則更差，故為今之計是把睡牀改往他方（見圖二）。

從圖二可見，把牀頭改向天醫方，便可避開五鬼方，即使房門相沖牀頭，但也還比睡在五鬼凶方為佳。況且房門對牀頭還可以用櫃或其他物件去擋，以化解相沖。客廳梳化本在生氣方，亦適宜把它改放天醫財位方，以收利財、旺身體之效。

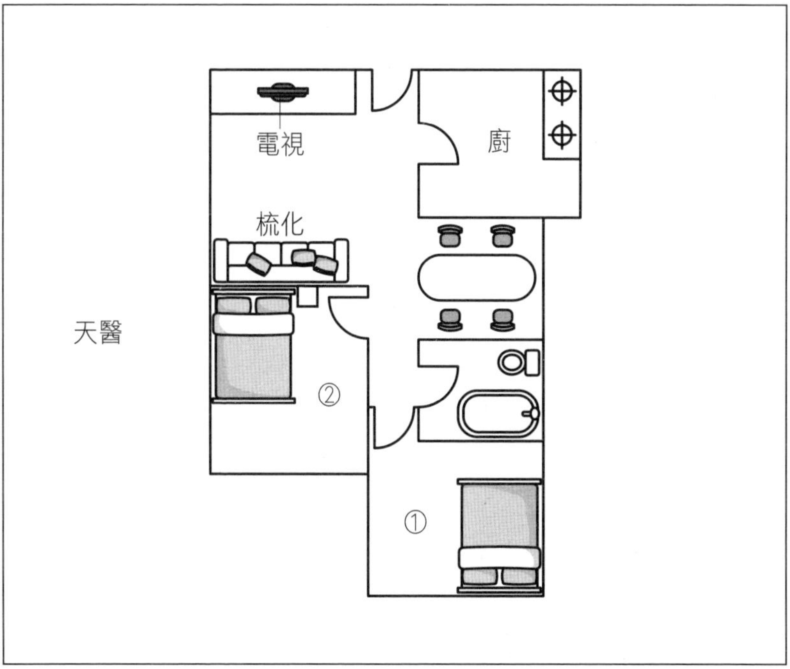

（圖二）

例三——

此局坐北，大門向南，五鬼剛好在老闆房中（見圖一）。五鬼為爭吵位、病位、衰位，如老闆坐在五鬼位，會常常罵職員，脾氣不佳，無忍耐力，且常常決策錯誤，招致損失。如職員坐於五鬼位，則常做錯事，不得老闆歡心，有被解僱之危機，所以不得不略作更改。

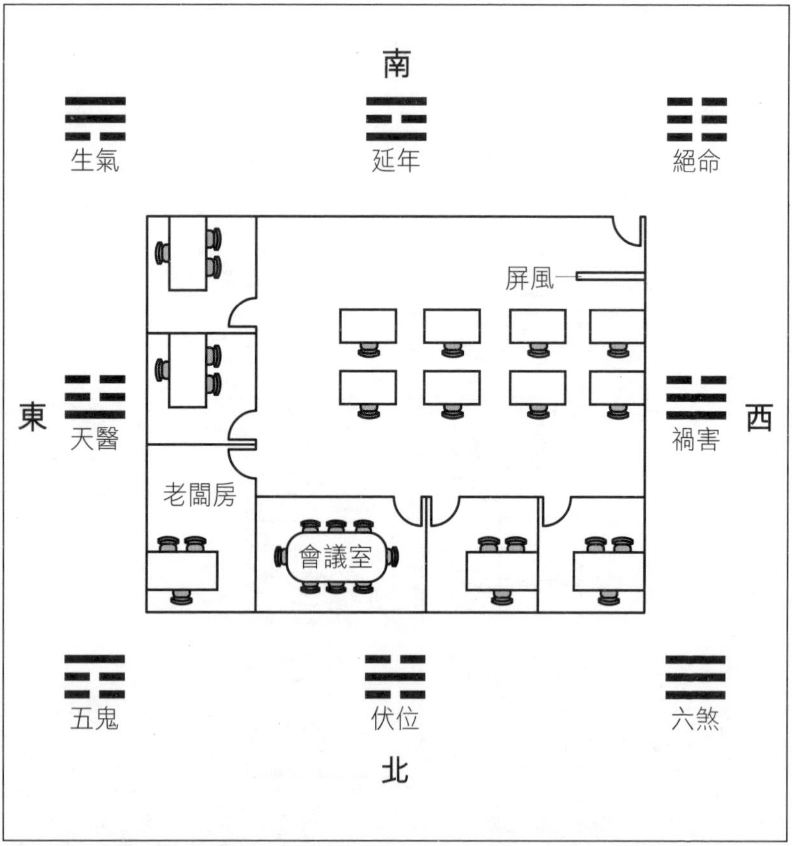

（圖一）老闆坐五鬼（坐北向南）

根據此局，可先把老闆位改去財位方，然後把原來之老闆房跟會議室對調，使會議室設於五鬼方。開會之時，只要自己坐於伏位吉方，客人坐於五鬼方，便可收趨吉避凶之效。

現把改後之圖詳列如下（見圖二）。

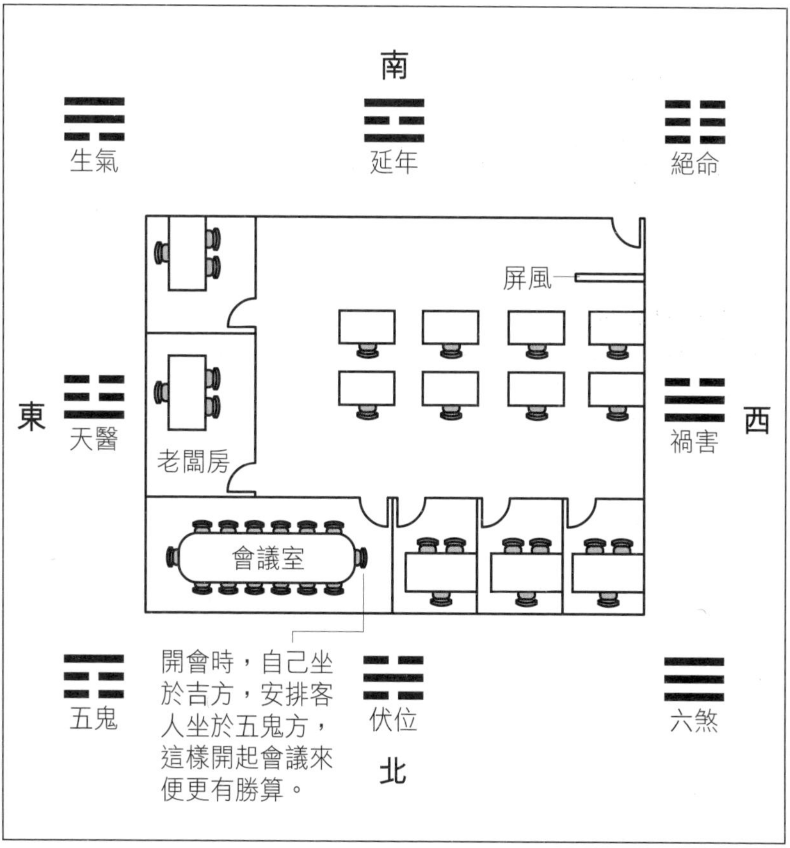

（圖二）

上文我已詳細講述每方位之吉凶位置所在，但當你遇到一些不規則形的住宅或辦公室，究竟又應怎樣去區分八個吉凶方位呢？現舉數例如下。

不論任何形狀之屋宅，皆以大門之向為方向，然後從大門之角度分開八方，但分八方之時，最重要是找出一個中心點，然後再放射八方，以分出屋內八個吉凶位置。

如左頁圖一之局，乃坐西北向東南之乾宅，其伏位在①房與②房之間，六煞位在主人房之睡牀，天醫在廁所，五鬼在飯廳及灶位，禍害在廚房與大門當中，絕命在大門，延年在客廳，而生氣則在②、③房之間。

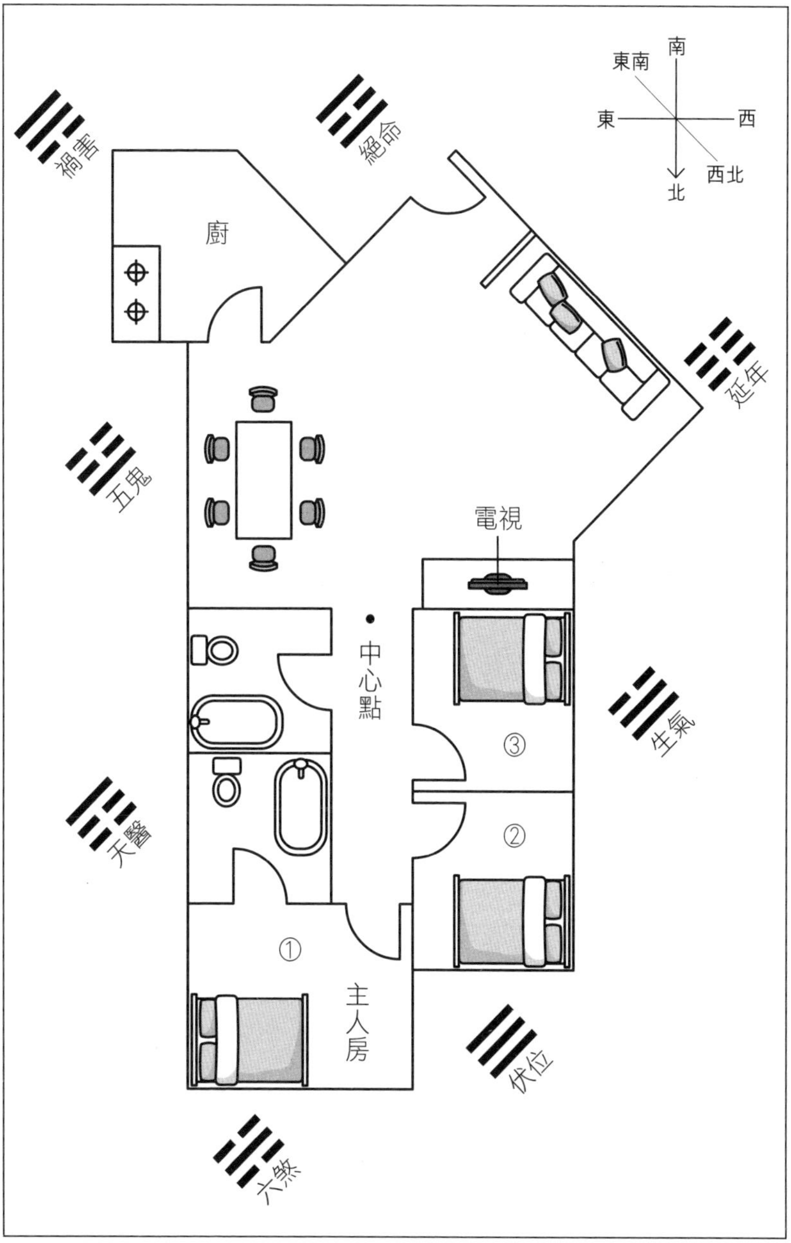

(圖一)鑽石形，坐乾向巽局。

另一例子可詳參左圖（見圖二）。此局坐東北向西南，為艮宅，因其為三角形，所以有缺角的情況出現，但缺角不一定以凶論，還要看所缺之角為吉抑或為凶。如缺了絕命、禍害、五鬼則吉，缺了延年、生氣無礙，缺了天醫財不聚，缺了六煞不利桃花，缺了伏位則不利穩定，但一般風水書皆謂缺角有不良影響。

如乾方缺角，因「乾」代表父、骨、肺，故主對老父、肺、骨不利。

「兑」代表少女、肺、骨。

「離」代表中女、心、眼、皮膚、血。

「震」代表長男、肝膽、手腳。

「巽」代表長女、足、股。

「坎」代表中男、腎、膀胱。

「艮」代表少男、腹、背、手指。

「坤」代表母親、脾、胃。

但以上之缺角只能視作古代理論參考，不能一見缺角，便斷定屬以上之凶事。

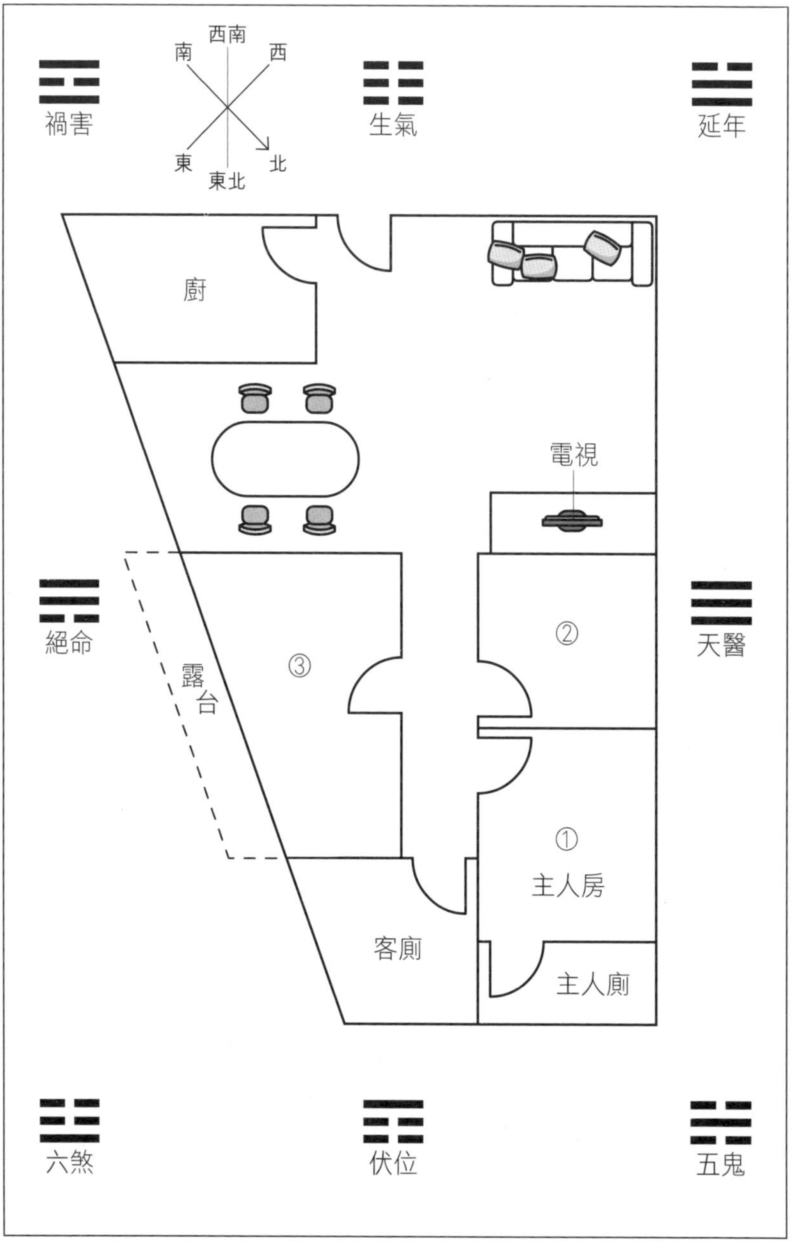

(圖二)三角形,坐艮向坤局。

言歸正傳，以上坐艮向坤之局，缺了六煞桃花位，不利單身人士，而財位在二房，凶位五鬼在主人房，亦不利主人居住。此屋是我一位單身女客人之居屋，由於缺了桃花位，所以必然不利婚嫁，而睡在五鬼房亦不利人緣、身體。

六煞桃花缺角，無可補救，但主人房在五鬼則容易改動，因為她是一個人居住，不需要三個房間，所以我提議她把①、②房間打通為一個房，然後把牀設於財位內，再把凶位變成衣帽間。

改後之圖如下（見圖三）。

圖三把①、②房打通為一間房後，把睡牀改在天醫位，然後再把原來之主人房變成衣帽間。客廳之梳化調往天醫位，並於缺角之六煞位加一面鏡以加大失去之桃花位，即可收催旺人緣之效。

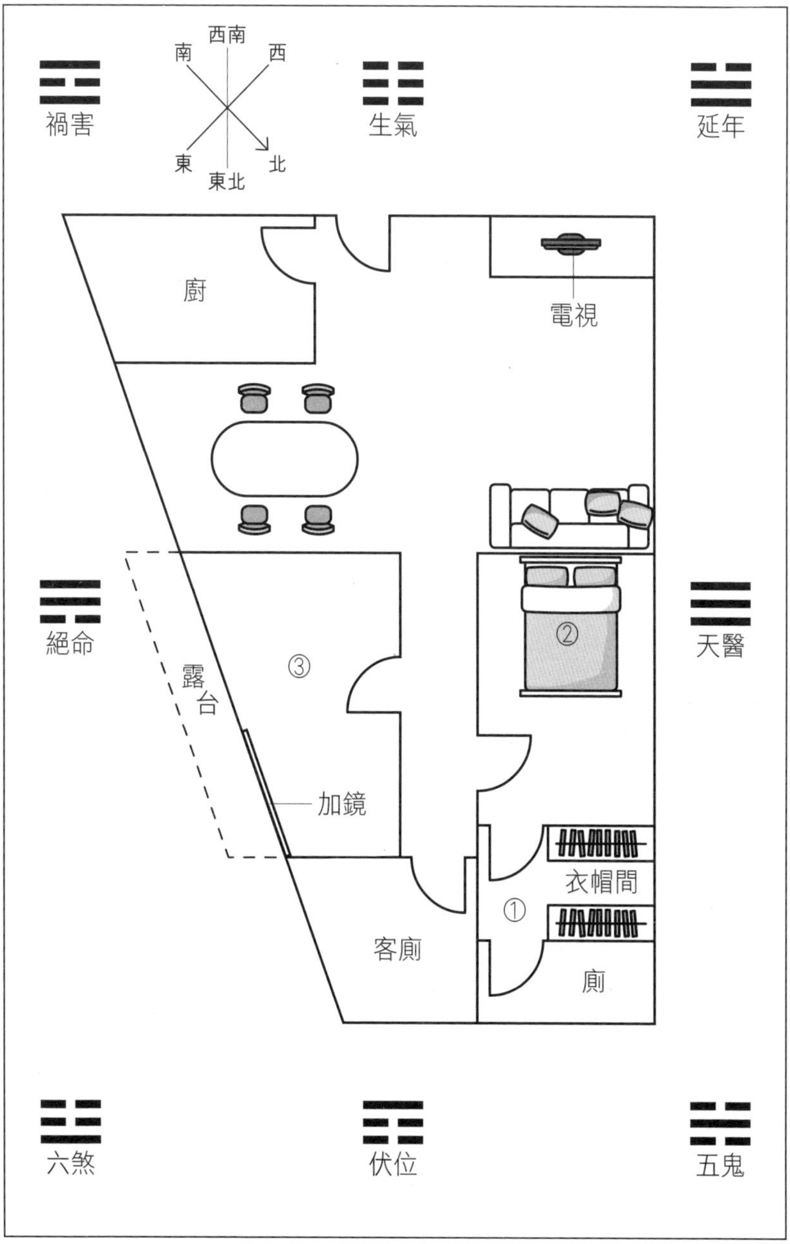

（圖三）修改後之佈局。

宅命相配

東四命人配東四宅，西四命人配西四宅，其原理出自命卦與宅卦所產生之吉凶情況相同與否。

宅命相配則吉凶相同，宅命不配則吉凶各異。

宅命相配

如下面圖示，「乾」（西）命人住「坤」（西）宅。

「坤」宅「乾」命

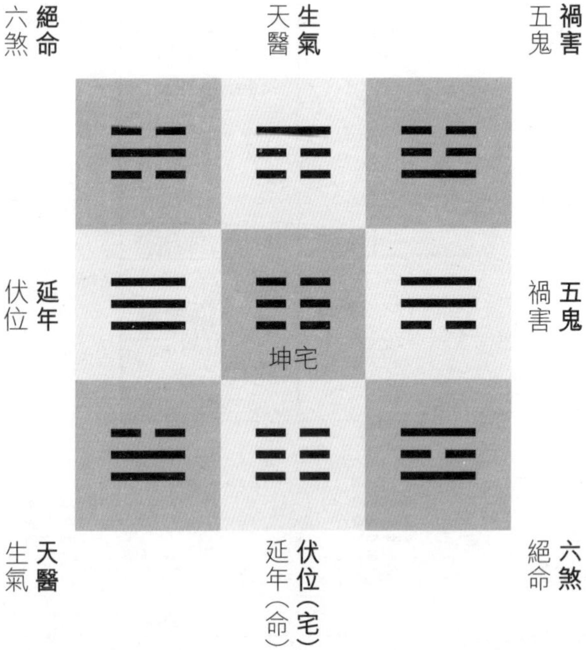

坤宅「☷」
乾命「☰」

「☷」見「☱」為宅中之「天醫」，命中之「生氣」。

「☰」為宅中之「延年」，命中之「伏位」。

「☵」為宅中之「絕命」，命中之「六煞」。

「☶」為宅中之「生氣」，命中的「天醫」。

「☳」為宅中之「禍害」，命中的「五鬼」。

「☴」為宅中的「五鬼」，命中之「禍害」。

「☲」為宅中的「六煞」，命中的「絕命」。

「☷」為宅中的「伏位」，命中的「延年」。

從以上得知，宅之吉方亦為命中之吉方，而宅的凶方亦為命中的凶方。

宅命不配

如宅命不配，則會產生相反的效果，我們再用「坤」（西）宅配「離」（東）命看看。

從左圖可見宅命不配之後果——

如「☷」為宅中之「伏位」，但為命中之「六煞」。

「☱」為宅中之「天醫」，但為命中之「五鬼」。

「☰」為宅中之「延年」，但為命中之「絕命」。

「☵」為宅中之「絕命」，但為命中的「延年」。

「☶」為宅中之「生氣」，但為命中之「禍害」。

「☳」為宅中的「禍害」，但為命中之「生氣」。

「☴」為宅中的「五鬼」，但為命中的「天醫」。

「☲」為宅中的「六煞」，但為命中的「伏位」。

由此可見，宅命不配所產生之吉凶位置會完全相反，使人無所適從，所以便衍生出東、西四命宅的原理，務使其吉凶結果一樣。

「坤」宅「離」命

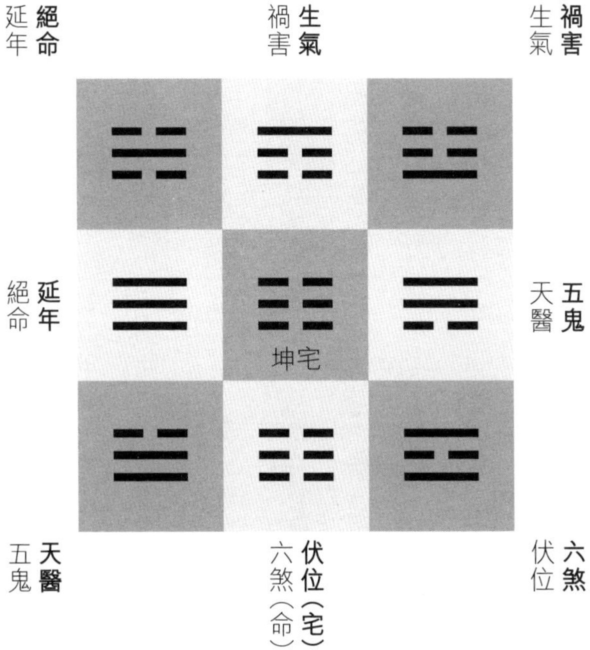

坤宅「☷」
離命「☲」

入宅判災病

八宅法之吉凶判斷，由命卦與宅中位置的卦象五行相生相剋所產生。而其吉凶有主次之分。宅中四凶方為害較小，而命之四凶方為害較大，如命與宅皆凶則更差。

八宅法最重「大門」、「主人房」及「灶頭」。大門及主人房在古代建築中跟現代沒有甚麼大分別，但廚灶則大有不同，因古代廚灶與主宅是分開而建的。根據古代原理，灶宜壓於宅中四凶方，而灶之火口則宜向命之四吉方。這樣即使宅命不配，亦可化解過來。但現代則不然，因現代建築廚灶亦在同一房屋之內，且經筆者多年之研究實踐發現，廚灶宜放於宅中之四吉方，忌放於四凶方，尤其五鬼方為害最大。但不知道為甚麼近代《八宅明鏡》、《陽宅三要》等書卻說廚灶最宜壓於五鬼方。因廚房在五鬼方為火燒五鬼，而五鬼亦為廉貞火，會愈燒愈旺，把凶位的力量加強，從而產生不良之結果。如果加上本身命卦與五鬼方相剋，則為害更大，尤其是被五鬼方剋住。

如命卦屬「乾」而剛好宅中「離」方為宅之五鬼，則離屬火，乾屬金，火剋金，乾金在卦中代表頭、骨、肺、老父，故火剋金代表以上之身體部位易生疾病，尤其不利年長男性。

如「乾」命人於「震」方為命卦之五鬼方，則乾屬金，震屬木，金剋木，木代表肝、膽、手、腳，故以上部位容易受傷，但不及五鬼在廚房之為害大。

如「乾」命人於「巽」方為命中禍害，又乾屬金，巽屬木，金剋木，巽木代表肝、膽、股、手、腳，即以上部位容易受傷，但為害更輕。

而「乾」命人在「坎」方，為命中六煞，乾金生坎水，代表易有色情事件、飲酒致禍。

但以上還要配合宅卦之吉凶來判斷。因命之凶方剛好是宅之吉方則減禍，但命中凶方又為宅中凶方則增凶。所以從以上例子便可得知，宅命相配不一定全吉，宅命不配亦不一定全凶。

又宅命相配的理論後來還發展至合婚學說，即男、女的命卦相配則吉，命卦相違則凶。所以，東四命人宜配東四命，西四命人宜配西四命，否則會出現五鬼、六煞、禍害、絕命等婚配——如乾（☰）命人配震（☳）為五鬼，配坎（☵）為六煞，配巽（☴）為禍害，配離（☲）為絕命婚等，但此實不宜盡信，只可作參考研究。

八宅催財法

天醫方為八宅法之財位，所以催財最宜向本命之天醫方，如乾命人向艮方為天醫；兌命人向坤方為天醫；離命人向巽方為天醫；震命人向坎方為天醫；巽命人向離方為天醫；坎命人向震方為天醫；艮命人向乾方為天醫；坤命人向兌方為天醫。

以前是以灶口向本命天醫方為催財之法，且灶宜壓於本命凶方。但經筆者研究所得，灶放於宅中天醫方、向命卦之天醫方，其效最速。又天醫方位不同，其應驗月份、年份亦有所不同。如乾、兌為本命天醫方，則應在巳、酉、丑年及月；如坎、艮、坤為本命天醫方，其應期為申、子、辰年及月；如震、巽為本命天醫方，其應期在亥、卯、未年及月；如離為本命天醫方，其應期為寅、午、戌年及月。

八宅催丁法

八宅法以生氣為求丁之方位，其用法與八宅催財法相同，只是放的方位不一樣而已。催丁法宜灶坐於宅中之生氣方而向命中之生氣方。

八宅催婚法

催婚方位是命中的延年方，其法是把灶坐於宅中的延年方而向命中的延年方，其應期與催財法相同。

註：東四命人配東四宅，西四命人配西四宅，筆者至少棄用了二十年以上。據經驗所得，配與不配分別不大，最主要是以宅中之吉凶方位去佈局。

九宮飛佈

風生水起理氣篇

何謂九宮飛佈

元旦圖

九宮飛佈由河洛理數演變而來，其先天數為履一載九，左三右七，二四為肩，六八為足。

從下圖（圖一）得出其走向：從中央5開始，至西北為6，正西為7，東北為8，正南為9，正北為1，西南為2，正東為3，東南為4，回到中央為5，稱之為「元旦圖」。

從上得知其走向為：中央到西北，西北到正西，正西到東北，東北到正南，正南到正北，正北到西南，西南到正東，正東到東南，東南回到中央。（見圖二）

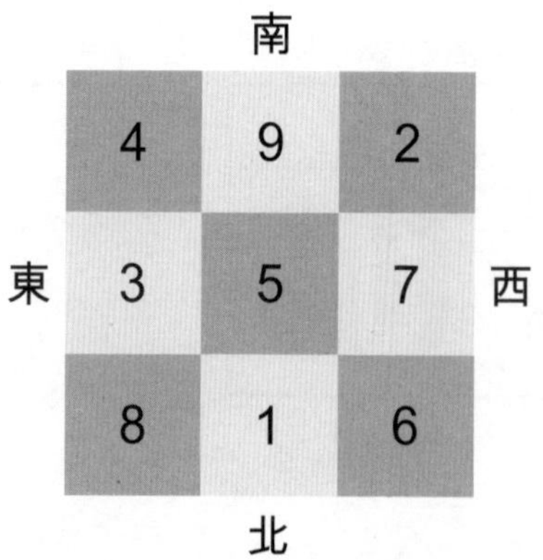

（圖一：元旦圖）

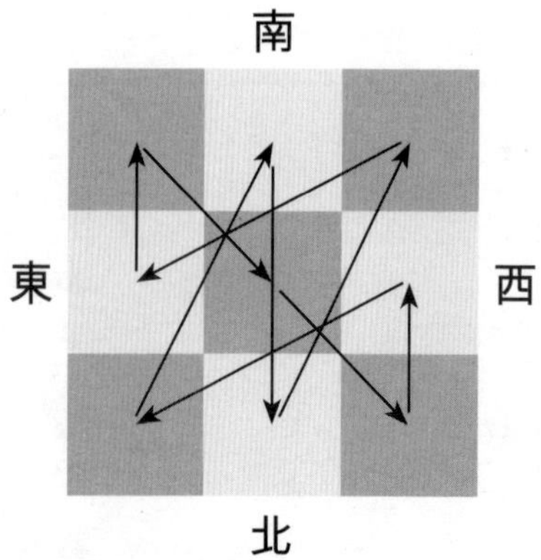

（圖二）

當知其走勢後，便可根據不同方位，製作出不同的運勢圖。

如坐正北大門向正南，則為一入中（因坎為一），至西北為二，正西為三，東北為四，正南為五，正北為六，西南為七，正東為八，東南為九，然後回到中央為一。

為使讀者易於明白，現把八個方位之運勢圖繪畫如下：

（一）坐正北大門向正南（坎宅一入中）

		南		
	9	5	7	
東	8	1	3	西
	4	6	2	
		北		

（二）坐東北大門向西南（艮宅八入中）

	南			
	7	3	5	
東	6	8	1	西
	2	4	9	
		北		

（三）坐正東大門向正西（震宅三入中）

	南			
	2	7	9	
東	1	3	5	西
	6	8	4	
		北		

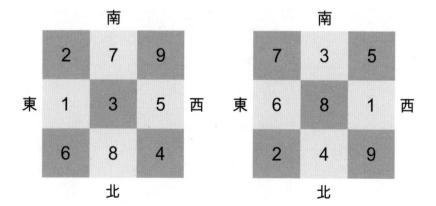

（四）坐東南大門向西北（巽宅四入中）

		南		
	3	8	1	
東	2	4	6	西
	7	9	5	
		北		

（五）坐正南大門向正北（離宅九入中）

		南		
	8	4	6	
東	7	9	2	西
	3	5	1	
		北		

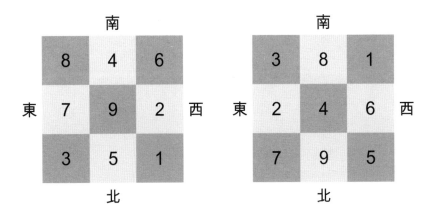

（六）坐西南大門向東北（坤宅二入中）

		南		
	1	6	8	
東	9	2	4	西
	5	7	3	
		北		

（七）坐正西大門向正東（兑宅七入中）

		南		
	6	2	4	
東	5	7	9	西
	1	3	8	
		北		

（八）坐西北大門向東南（乾宅六入中）

		南		
	5	1	3	
東	4	6	8	西
	9	2	7	
		北		

以上之數字圖永遠之方向為坐北向南、左東右西，所以以後再見此種圖樣，看法都跟隨此習慣。

九宮飛佈之不同用法

用法一——宅星、元旦圖與流年星

例一：

坎宅會以1入中（見下圖），再加上元旦圖五入中，然後再根據每宮位之吉、凶星相生、相剋而判斷其吉凶好壞。

以元旦圖以五入中順飛至西北為六，正西為七，東北為八，正南為九，正北為一，西南為二，正東為三，東南為四，再回到中央為五，再加上坎宅1入中順飛西北為2，正西為3，東北為4，正南為5，正北為6，西南為7，正東為8，東南為9，再回到中央為1。

例一：坎宅

南

	四 9	九 5	二 7	
東	三 8	㊄ 1	七 3	西
	㊇ 4	一 6	六 2	

北

洛書大數再加上宅星便會出現吉凶、生剋之狀態。

如正西出現三、七，三為木，七為金，金剋木代表此位易生損傷，不利長男。

正南為五、九，九為離屬火，五為死符屬土，火生旺土，生旺死符，此局南方位置易生病毒、癌症。

正東、東北分別為三、八，四、八，三、四屬木，八屬土，木剋土，不利胃腸消化系統、小孩。

正北為一、六，六為金，一為水，金生水，水為桃花，此局正北旺桃花。

西南為二、七，二為土病符，七為破軍屬金，土生金，而七運金為旺星，能洩土之病氣生旺財星。

東南為四、九，四為木，九為火，木火相生，旺人丁、喜慶。

例二：

離宅以九入中順飛再加上洛書而成下圖（見下表）。

下圖正北為一、5，水土交戰，不利胃、腸、腎、膀胱；東北八、3，土木交戰，不利胃、腸、小孩；正東三、7，木金交戰，不利長男，易受損傷；東南四、8，木土交戰，不利胃、腸、小孩；正南九、4，利人丁、喜慶；西南二、6，土生金能洩病氣，無礙；正西七、2，土生金能洩病氣，無礙，且生旺當運星，利財；西北六、1，金生水能旺桃花、人緣。

從以上兩例得知其用法後，餘宅皆如此便可

例二：離宅

		南		
	四 8	九 4	二 6	
東	三 7	五 9	七 2	西
	八 3	一 5	六 1	
		北		

得知其吉凶結果——

二、五為凶星病星，一為桃花星，三為爭鬥星，四為文昌星，六為武曲吉星，七為破軍凶星，八為左輔財星，九為右弼喜慶星。凶星宜洩宜化，吉星宜生宜旺，交戰則有損傷，此為基本看法。此外尚有流年法，即把流年星加入其中，然後判斷三者之互相生剋、交戰或化解。

如例一坎宅，在原局再加上二〇一〇年之流年星（見下表），則二〇一〇年八入中順飛，西北為九，正西為一，東北為二，正南為三，正北為四，西南為五，正東為六，東南為七，回到中央為八。

坎宅（加上二〇一〇年流年星）

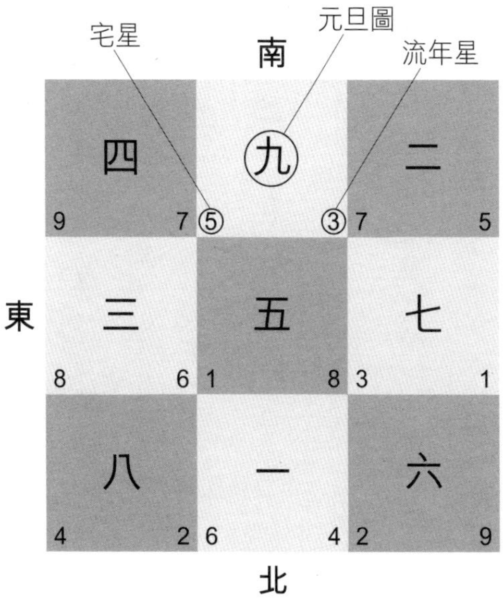

根據二〇〇一坎宅流年圖──

正北：原為一、6，水金相生，現加上四為金生水，水生木，生旺文昌。

東北：本為八、4，土木相剋，不利小孩、胃、腸，現加上二黑病符更凶。

正東：原局三、8，木土相剋，但流年星六為金，金剋木而木無力剋土，解小孩、胃腸不利。

東南：四、9喜氣，但加上七赤金，為木生火而火剋金，不利少女、肺、骨。

正南：原局九、5，火生土旺，再加上三碧木，變為木生火，火生土更凶。

西南：原局二、7，金能洩土之病氣，但加上五黃死符，則恐病氣太重，不能盡洩。

正西：原局七、3，金木交戰，但流年星一白水加臨而變為金生水，水生木，解其金木交戰。

西北：原局六、2，金洩土之病氣，然加上九紫火，火剋金而生土，加重其病氣。

註：但以上看法，只宜作參考，因其理跟九宮飛星相近，而沒有九宮飛星之詳盡。

用法二——生、旺、煞、洩、死

生、旺、煞、洩、死，其原理是根據每宅入中之五行與八方之五行互相產生之生剋情況而定出其生、旺、煞、洩、死五方，其口訣是——

方位生入中宮為生，
方位與中宮相同為旺，
方位剋入中宮為煞，
中宮生出方位為洩，
中宮剋出方位為死。

生、旺、煞、洩、死五方以生、旺為吉，煞、洩、死為凶。

以坎宅為例，坎宅以一白水入中順飛至西北為二黑土，正西為三碧木，東北為四綠木，正南為五黃土，正北為六白金，西南為七赤金，正東為八白土，東南為九紫火。

知道其五行以後便可以從各方與中宮之生剋情況定出生、旺、煞、洩、死各方。

西北二黑土剋中宮一白水為「煞氣」方。

正北六白金生中宮一白水為「生氣」方。

東北四綠木洩中宮一白水之氣為「洩氣」方。

正東八白土剋中宮一白水為「煞氣」方。

東南九紫火被中宮一白水所剋為「死氣」方。

正南五黃土剋中宮一白水為「煞氣」方。

西南七赤金生中宮一白水為「生氣」方。

正西三碧木洩中宮一白水之氣為「洩氣」方。

所以坎宅只有正北與西南兩生氣方為吉方，其餘皆為煞、洩、死凶方。

坎宅

		南		
	九 ㊋ 死	五 ㊏ 煞	七 ㊎ 生	
東	八 ㊏ 煞	一 ㊌	三 ㊍ 洩	西
	四 ㊍ 洩	六 ㊎ 生	二 ㊏ 煞	
		北		

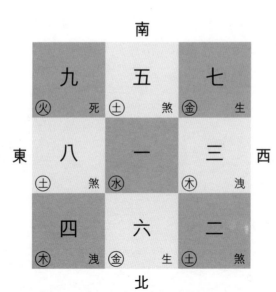

下圖以兑宅為例。兑宅以七赤金入中順飛，西北為八白土，正西為九紫火，東北為一白水，正南為二黑土，正北為三碧木，西南為四綠木，正東為五黃土，東南為六白金。定出各方位後，便可從各方之生剋關係得出其生、旺、煞、洩、死之位置。

西北八白土生中宮七赤金為「生氣」方。

正北三碧木被中宮七赤金所剋為「死氣」方。

東北一白水洩中宮七赤金之氣為「洩氣」方。

正東五黃土生中宮七赤金為「生氣」方。

東南六白金與中宮七赤金相同為「旺氣」方。

正南二黑土生中宮七赤金為「生氣」方。

西南四綠木被中宮七赤金所剋為「死氣」方。

正西九紫火剋中宮七赤金為「煞氣」方。

兑宅

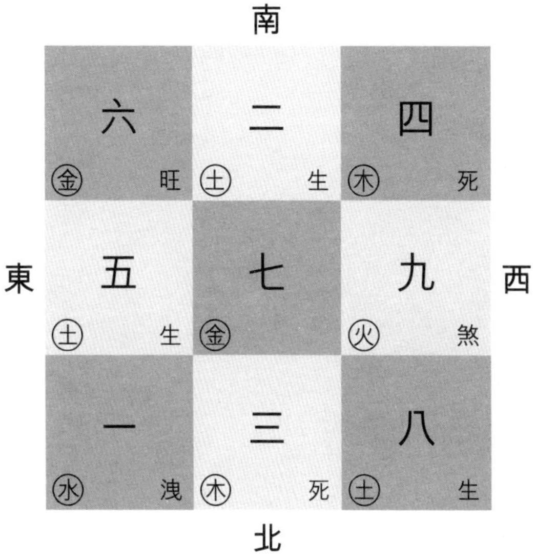

從上圖得知，兑宅之西北、正東、東南、正南為生、旺方，正北、東北、西南、正西為煞、洩、死方。其餘各宅之生、旺、煞、洩、死圖如下：

乾宅生、旺、煞、洩、死圖

		南		
	五 (土) 生	一 (水) 洩	三 (木) 死	
東	四 (木) 死	六 (金)	八 (土) 生	西
	九 (火) 煞	二 (土) 生	七 (金) 旺	
		北		

艮宅生、旺、煞、洩、死圖

		南		
	七 (金) 洩	三 (木) 煞	五 (土) 旺	
東	六 (金) 洩	八 (土)	一 (水) 死	西
	二 (土) 旺	四 (木) 煞	九 (火) 生	
		北		

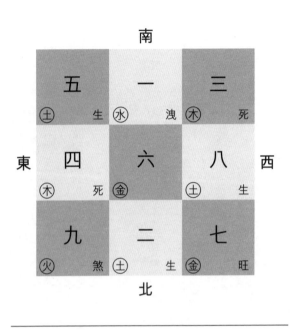

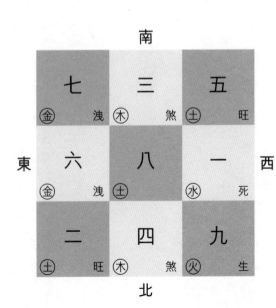

震宅生、旺、煞、洩、死圖

		南		
	二 (土) 死	七 (金) 煞	九 (火) 洩	
東	一 (水) 生	三 (木)	五 (土) 死	西
	六 (金) 煞	八 (土) 死	四 (木) 旺	
		北		

巽宅生、旺、煞、洩、死圖

		南		
	三 (木) 旺	八 (土) 死	一 (水) 生	
東	二 (土) 死	四 (木)	六 (金) 煞	西
	七 (金) 煞	九 (火) 洩	五 (土) 死	
		北		

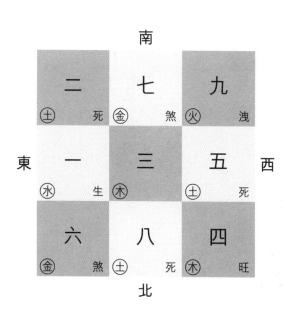

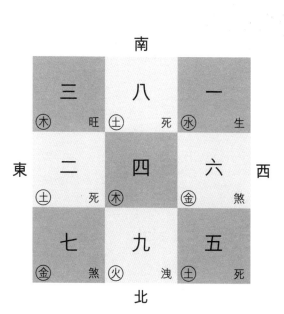

離宅生、旺、煞、洩、死圖

		南		
	八 ㊏ 洩	四 ㊍ 生	六 ㊎ 死	
東	七 ㊎ 死	九 ㊋	二 ㊏ 洩	西
	三 ㊍ 生	五 ㊏ 洩	一 ㊌ 煞	
		北		

坤宅生、旺、煞、洩、死圖

		南		
	一 ㊌ 死	六 ㊎ 洩	八 ㊏ 旺	
東	九 ㊋ 生	二 ㊏	四 ㊍ 煞	西
	五 ㊏ 旺	七 ㊎ 洩	三 ㊍ 煞	
		北		

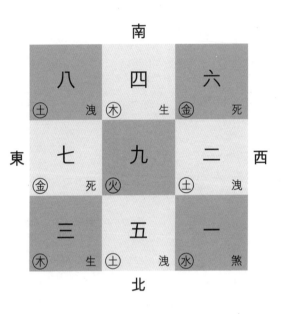

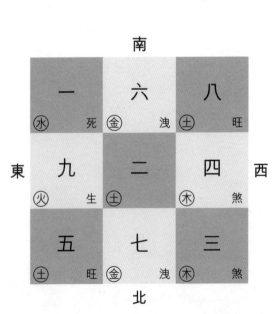

生、旺、煞、洩、死的用法

內三要——門、主、灶。

外三要——山、水、路。

內三要（即大門、主人房、爐灶）：

在生氣方——人口平安，人丁旺盛，大病化小，小病化無。

在旺氣方——利財帛，營商得利。

在煞氣方——輕則口舌官非，重則人口損傷。

在洩氣方——不利財帛，漏財，破財。

在死氣方——人丁弱，易生病。

外三要（山、高樓大廈、水、河、海、路）：

山——要在生旺方為佳，忌在煞、洩、死方，其論法與內三要同。

水、路——要在煞、洩、死方為吉。

在生氣方——人丁弱，易生病。

在旺氣方——耗財、散財。

在煞氣方——家運平安。

在洩氣方——興財祿。

在死氣方——人丁旺，身體好。

註：以上之用法應為偽訣，不可盡信，這裏只是列出給各位讀者參考而已。

用法三——一切家具之擺設方法

用法三其實是將用法一及二加起來再簡化運用之。

當各位計算出室內之生、旺、煞、洩、死後，便可以着手佈置家居或辦公室之擺設了。

其原則是神位一定要安於生位及旺位內，而其他擺設則適宜向生位及旺位。

又以物物一太極之理論，每一個獨立空間皆要有自己的生、旺、煞、洩、死位置。

例如大廳有大廳之吉凶位置，廚房有本身的吉凶位置，每一個房間亦有本身的吉凶位置，而數字本身由一到九亦有其獨立的代表性，如一白水為桃花星、二黑土為病符、三碧木為爭鬥星、四綠木為文昌、五黃土為死符、六白金為吉星、七赤金為凶星、八白土為吉星、九紫火為吉星等。

而當中最重要者是為一白桃花星、二黑

坐西向東之兌宅大局及房間生旺煞洩死圖

	南		
	六旺	二生	四死	
東	五生	七	九煞	西
	一洩	三死	八生	
		北		

病符星、四綠文昌星及五黃死符星等四星。

根據以上資料，我們可知每一個獨立空間皆有其獨立之吉凶位置。

以坐西向東之兑宅為例（見圖一）。

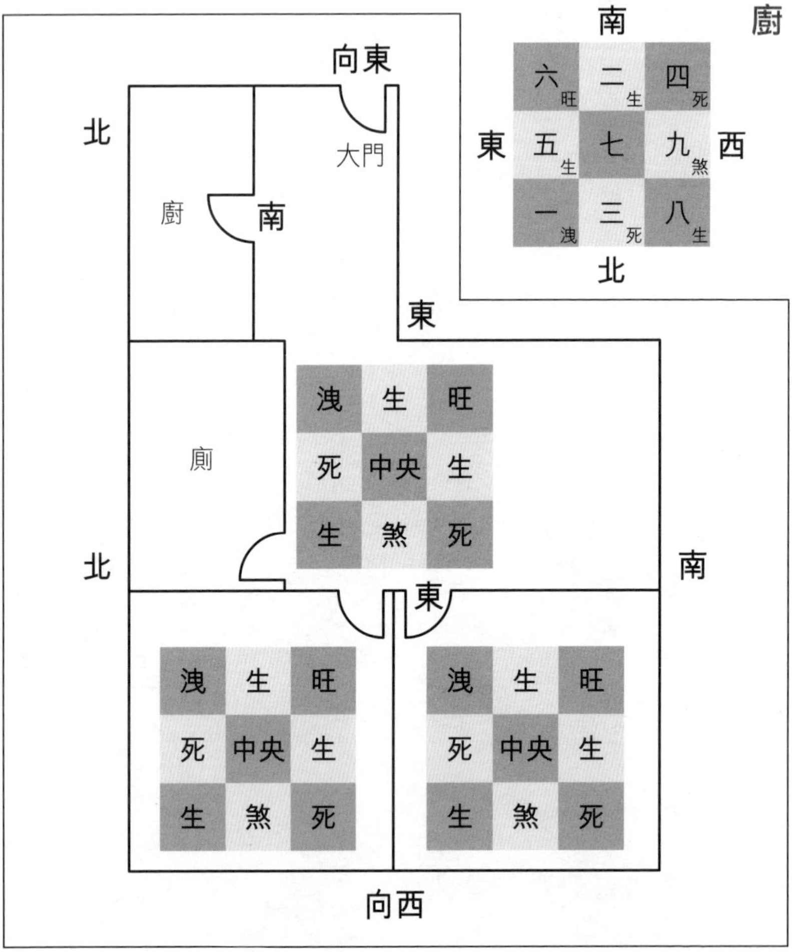

（圖一）房間生旺煞洩死圖

廚房生旺煞洩死圖

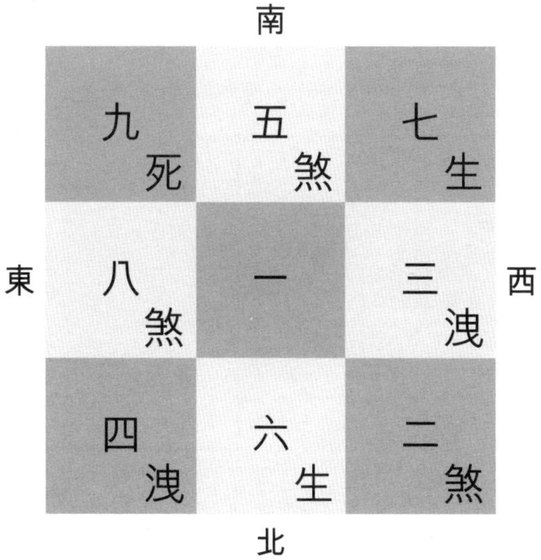

此局坐西向東，兑宅以七入中順飛，從九宮飛佈看來，正東、正南及西北為生位，東南為旺位，正西為煞位，正北及西南為死位，而東北則為洩位。

又此局大門與兩房門皆向東，所以可用同一個生旺煞洩死圖。

客廳梳化可向生旺位，牀亦相同，唯廚房門向南所以不同。

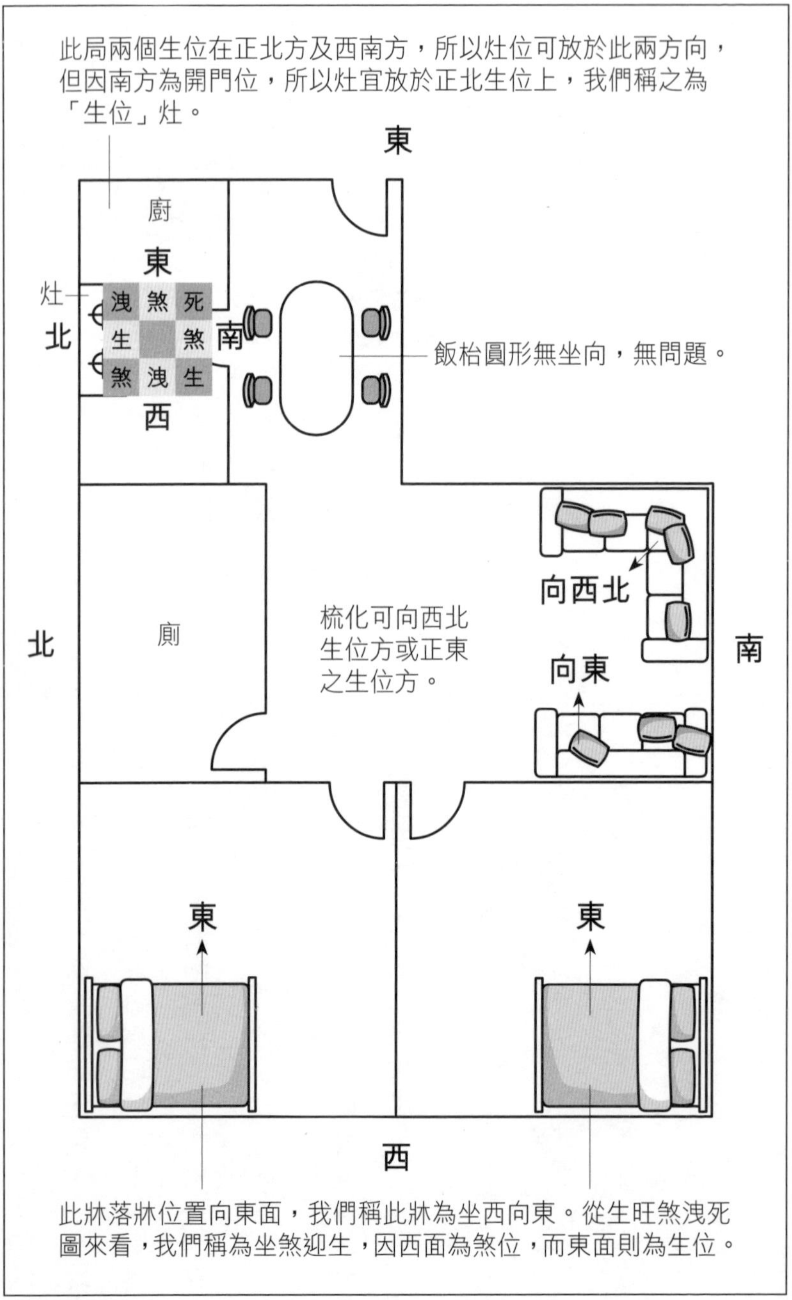
此局兩個生位在正北方及西南方，所以灶位可放於此兩方向，但因南方為開門位，所以灶宜放於正北生位上，我們稱之為「生位」灶。
東
廚
東
灶
洩 煞 死
北
生 煞
南
煞 洩 生
西
飯枱圓形無坐向，無問題。
向西北
北
廁
梳化可向西北生位方或正東之生位方。
南
向東
東
東
西
此牀落牀位置向東面，我們稱此牀為坐西向東。從生旺煞洩死圖來看，我們稱為坐煞迎生，因西面為煞位，而東面則為生位。

坎宅

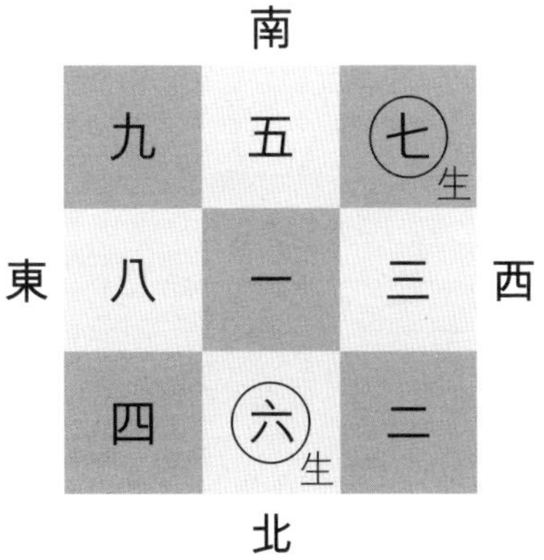

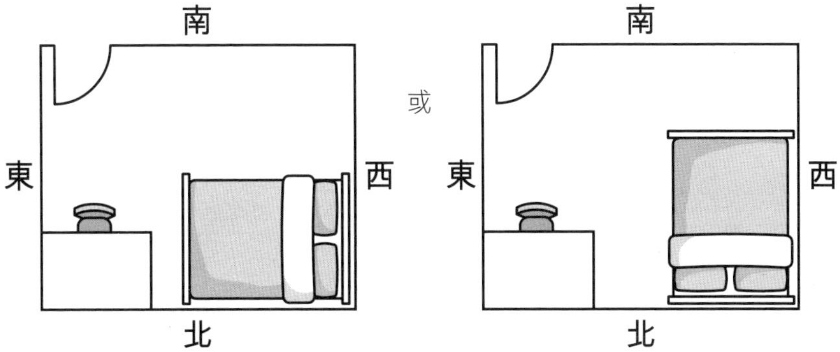

九宮飛佈亦可用以計算每個空間的文昌位、五黃位。

以坎宅為例（見上圖），坎宅以一入中順飛，飛至東北為四綠文曲星，正南為五黃位，所以坎宅之書枱宜放於東北，有利文昌，如再加四枝水種之富貴竹則更佳。

相反，南方為五黃位，不宜作放牀及書枱之用。至於睡牀因不能向正北及西南位置，故宜放永遠吉（永遠吉位即是大門對角位置，見第99頁）。

離宅

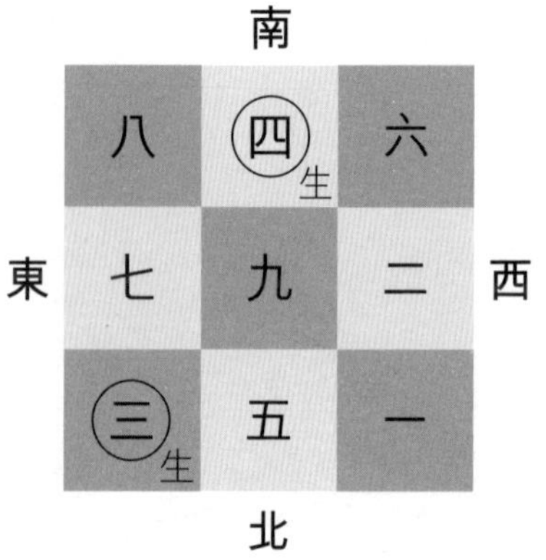

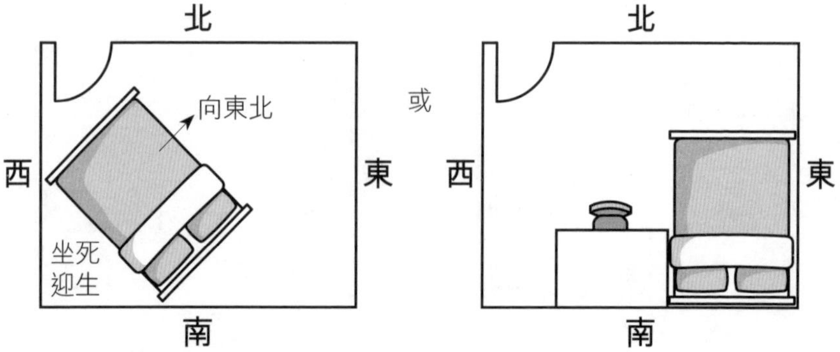

以離宅為例（見上圖），離宅以九入中順飛，至正南為四綠文曲星，正北為五黃位。所以書枱宜放於正南，睡牀則宜放永遠吉位。

根據生、旺、煞、洩、死的原則，寫字枱及睡牀宜向生、旺位，但不是每一格局皆可向生旺位。

如以上離宅，睡牀就不能向生旺位，所以唯有放於永遠吉位之上（但亦有風水師把牀

睡牀永遠吉位

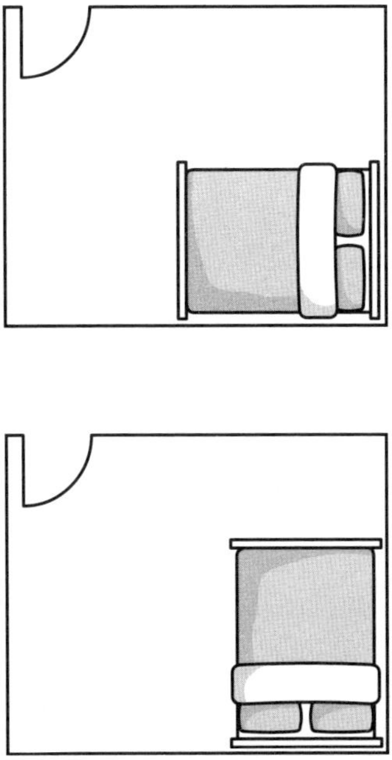

寫字枱永遠吉位

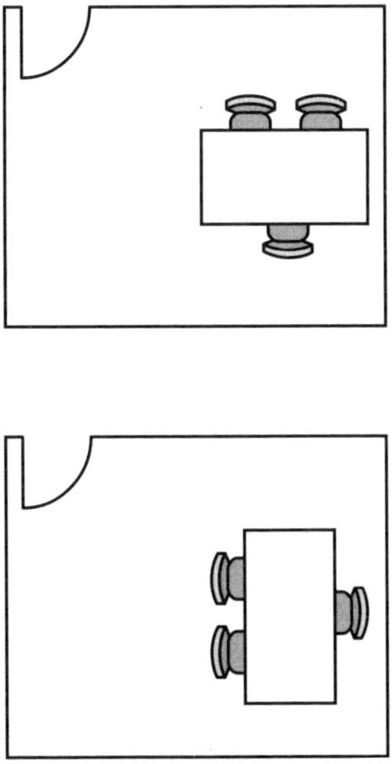

斜放以就吉位，但不能為，因這樣牀頭會不貼牆而無靠山，更凶）。

最忌擺牀方法

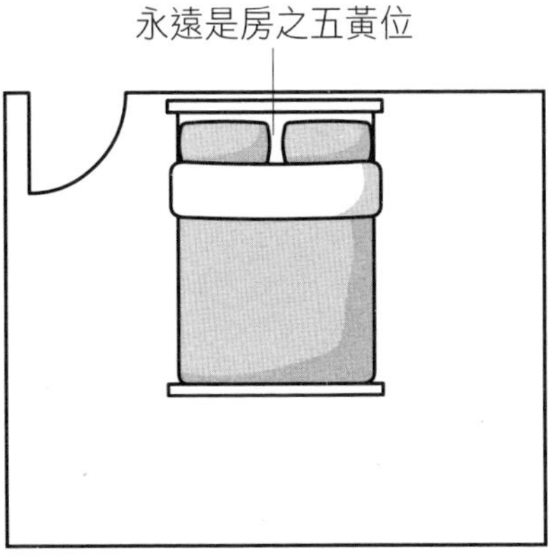

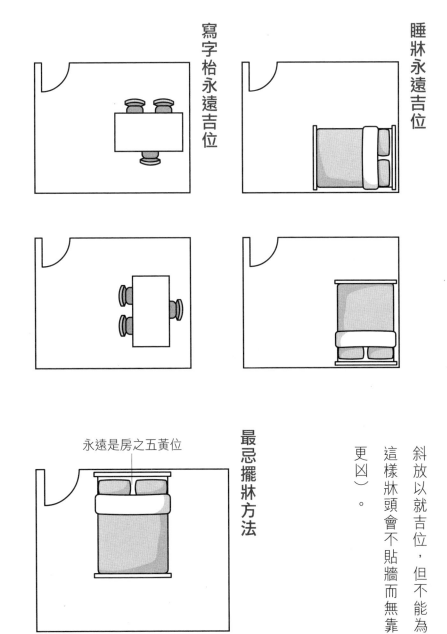

三元九運
飛星法

風生水起理氣篇

三元九運

三元九運飛星法把地運分成上元甲子、中元甲子、下元甲子等三個元運，又每個甲子為六十年。三元甲子以共一百八十年為一個循環，而每個甲子分成三個運，又每運為二十年，共為一百八十年。相傳由公元前二六九七年由黃帝定甲子開始至一九八三癸亥年止，一共行了七十八個甲子，即四千六百八十年，而一九八四年開始下元甲子七運，進入第七十九個甲子。

三元甲子（近一百八十年）

上元——

一運——一白水（一八六四年至一八八三年、二〇四四年至二〇六三年）

二運——二黑土（一八八四年至一九〇三年、二〇六四年至二〇八三年）

三運——三碧木（一九〇四年至一九二三年、二〇八四年至二一〇三年）

中元——

四運——四綠木（一九二四年至一九四三年）

五運——五黃土（一九四四年至一九六三年）

六運——六白金（一九六四年至一九八三年）

下元——

七運——七赤金（一九八四年至二〇〇三年）

八運——八白土（二〇〇四年至二〇二三年）

九運——九紫火（二〇二四年至二〇四三年）

如何起九宮飛星盤

飛星起局之方法，就是要先知道飛星之走向，其走向是：

中央起而後到西北，西北到正西，正西到東北，東北到正南，正南到正北，正北到西南，西南到正東，正東到東南，東南再回到中央（見下圖）。

其走向圖是從洛書大數演變而來的，洛書大數是履一載九，左三右七，二四為肩，六八為足，而中央為五。

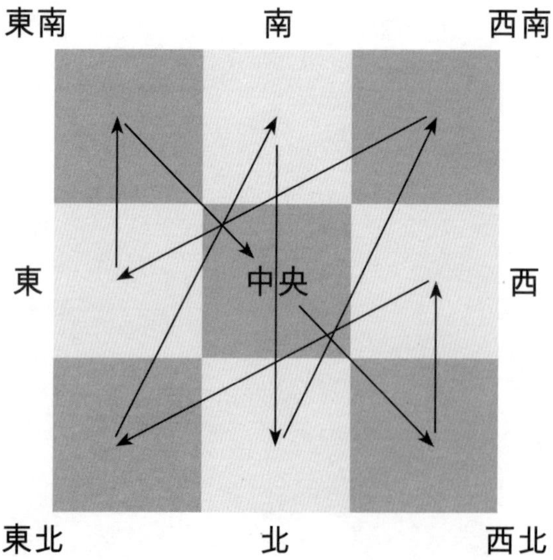

右下圖中央為五，走向西北為六，正西為七，東北為八，正南為九，正北為一，西南為二，正東為三，東南為四，再回至中央為五。以上之走向為順行。

還有逆行之方法，即中央到東南，東南到正東，正東到西南，西南到正北，正北到正南，正南到東北，東北到正西，正西到西北，西北回到中央（見左下圖）。

我們知道其順逆走向後，進而要知道其他基本知識。

順行

		南		
	四	九	二	
東	三	五	七	西
	八	一	六	
		北		

逆行

		南		
	六	一	八	
東	七	五	三	西
	二	九	四	
		北		

指南針度數

九宮飛星把大門坐向分成二十四個不同方位，而每方位的位置為十五度，又十五度乘以二十四個方向等於三百六十度。現把每一個方向的指南針度數列出如下：

方向	指南針度數
正北	壬── 337 1/2 度至 352 1/2 度 子── 352 1/2 度至 7 1/2 度 癸── 7 1/2 度至 22 1/2 度
東北	丑── 22 1/2 度至 37 1/2 度 艮── 37 1/2 度至 52 1/2 度 寅── 52 1/2 度至 67 1/2 度
正東	甲── 67 1/2 度至 82 1/2 度 卯── 82 1/2 度至 97 1/2 度 乙── 97 1/2 度至 112 1/2 度
東南	辰── 112 1/2 度至 127 1/2 度 巽── 127 1/2 度至 142 1/2 度 巳── 142 1/2 度至 157 1/2 度
正南	丙── 157 1/2 度至 172 1/2 度 午── 172 1/2 度至 187 1/2 度 丁── 187 1/2 度至 202 1/2 度
西南	未── 202 1/2 度至 217 1/2 度 坤── 217 1/2 度至 232 1/2 度 申── 232 1/2 度至 247 1/2 度
正西	庚── 247 1/2 度至 262 1/2 度 酉── 262 1/2 度至 277 1/2 度 辛── 277 1/2 度至 292 1/2 度
西北	戌── 292 1/2 度至 307 1/2 度 乾── 307 1/2 度至 322 1/2 度 亥── 322 1/2 度至 337 1/2 度

九宮飛星起局之法

我們得知每方位之度數後，進一步便要學習九星之替星陰陽。

方位	九星	方向	替星陰陽
正北	一白水	壬子癸	陽陰陰
西南	二黑土	未坤申	陰陽陽
正東	三碧木	甲卯乙	陽陰陰
東南	四綠木	辰巽巳	陰陽陽
中宮	五黃土	中宮 無方向	單數運（如七運） 替星：陽陰陰 雙數運（如八運） 替星：陰陽陽
西北	六白金	戌乾亥	陰陽陽
正西	七赤金	庚酉辛	陽陰陰
東北	八白土	丑艮寅	陰陽陽
正南	九紫火	丙午丁	陽陰陰

從以上之替星表，我們可以簡單得出，如其星為一、三、七、九單數，其替星均為陽陰陰；如其星為二、四、六、八雙數，其替星則為陰陽陽。五則跟其運星之陰陽而定。

得出以上資料後，便可以開始學習起飛星圖。

起圖方法

（一）首先畫出九宮格，而這九宮格圖的方向永遠是天南地北，左東右西。（見下圖）

（二）把運星入中順飛，得出每運之運星圖。

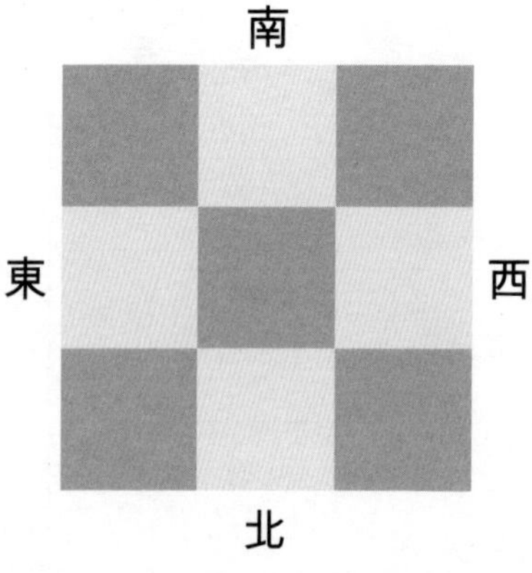

一運圖——一入中順飛

		南		
	九	五	七	
東	八	一	三	西
	四	六	二	
		北		

二運圖——二入中順飛

		南		
	一	六	八	
東	九	二	四	西
	五	七	三	
		北		

三運圖——三入中順飛

		南		
	二	七	九	
東	一	三	五	西
	六	八	四	
		北		

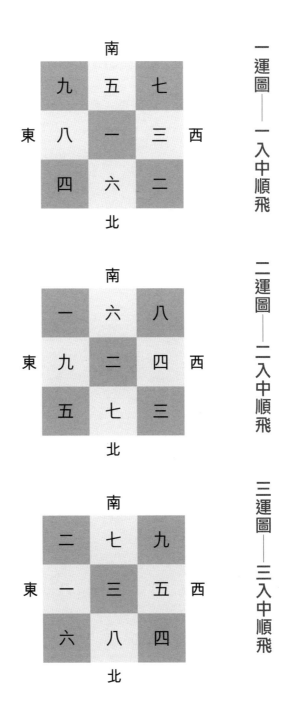

四運圖——四入中順飛

	南			
	三	八	一	
東	二	四	六	西
	七	九	五	
		北		

五運圖——五入中順飛

	南			
	四	九	二	
東	三	五	七	西
	八	一	六	
		北		

六運圖——六入中順飛

	南			
	五	一	三	
東	四	六	八	西
	九	二	七	
		北		

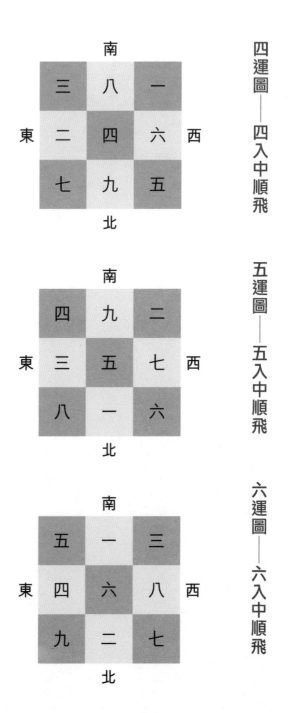

七運圖——七入中順飛

		南		
	六	二	四	
東	五	七	九	西
	一	三	八	
		北		

八運圖——八入中順飛

		南		
	七	三	五	
東	六	八	一	西
	二	四	九	
		北		

九運圖——九入中順飛

		南		
	八	四	六	
東	七	九	二	西
	三	五	一	
		北		

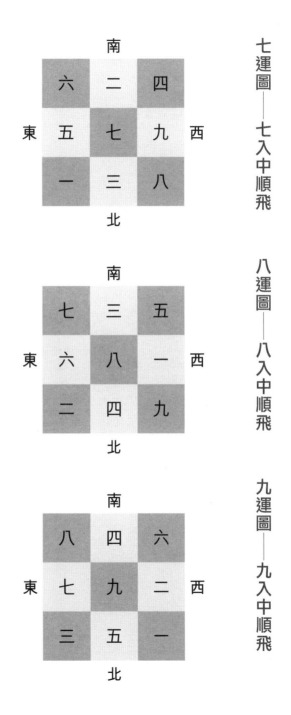

（三）把住宅方向定出，如大門向出為 187 ½ 度至 202 ½ 度，即大門向南偏西南，即南方丙午丁的丁位，亦即是坐癸向丁。

又如大門向出為 247 ½ 度至 262 ½ 度，即大門向西偏西南，即西方庚酉辛的庚，亦即是坐甲向庚。

（四）把挨星替卦之陰陽找出來，然後按陽順陰逆的方式按順逆量天尺飛行。

如七運以七入中，飛至西北為八，本來西北方之戌乾亥，其數應為陰陽陽，但因七運八挨至西北方，所以以八之丑艮寅代替了西北方之戌乾亥，而丑艮寅之數亦為陰陽陽。

六運以六入中，飛至西北為七，西北本為戌乾亥，陰陽陽，但因六運七飛至西北方，代替了原來之戌乾亥而變為庚酉辛，就變成陽陰陰。

從以上兩運，可得知西北方戌乾亥會因每運之替星不同而產生不同之陰陽結果，從而有順飛、逆飛之變。

如七運坐甲向庚（坐方稱為山，向方稱為向，名為山向飛星）

甲之方位由五挨至，五於七運為陽陰陰，而在東方之甲卯乙，甲為第一個數，由五之第一個數「陽」來代替。

庚之方位由九挨至，九之數為陽陰陰，而西方庚酉辛之庚為第一個數，由九之第一個數「陽」來代替。

最後得出結果是山挨星為陽，向挨星亦為陽。

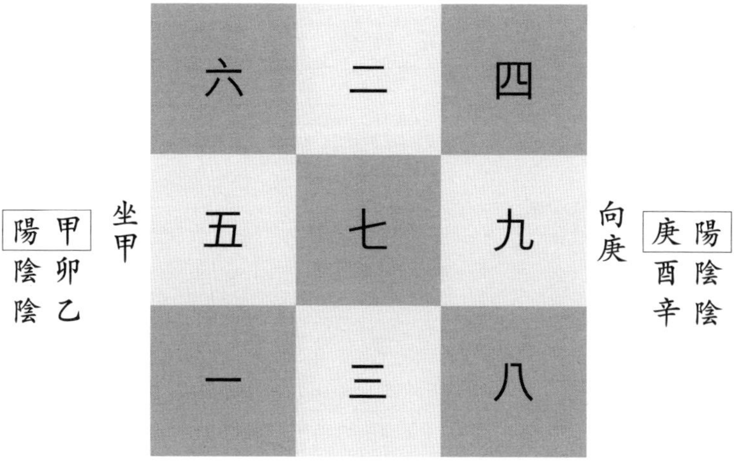

七運坐酉向卯

坐方酉其挨星為九，其數為陽陰陰，酉為第二字，故為「陰」。

向方卯由五挨至，五在七運為陽陰陰，卯為第二個字，其數為「陰」。

最後得出其結果是，山挨星為陰，向挨星亦為陰。

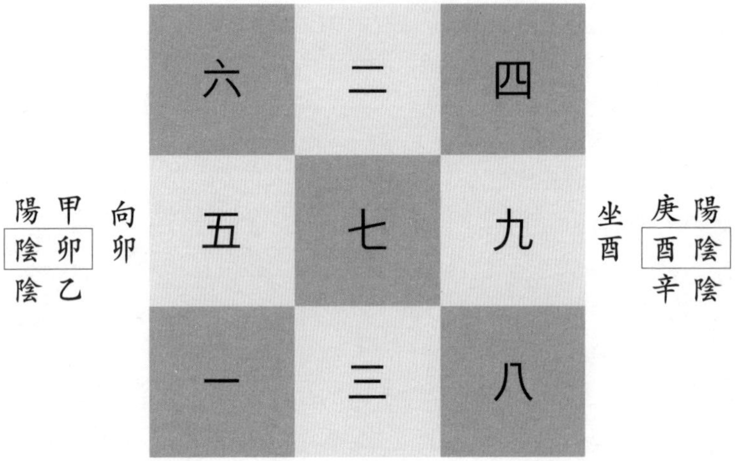

七運坐子向午

坐方子由三替入，三為陽陰陰，而子為壬子癸之第二個字，所以由「陰」代入。

向方午由二替入，二為陰陽陽，午為丙午丁的第二個字，所以由「陽」來代入。

最後得出其結果是，山挨星為陰，向挨星為陽。

陰 陽 陽
丙 午 丁

向午

六	二	四
五	七	九
一	三	八

坐子

癸 子 壬
陰 陰 陽

七運坐午向子

坐方午由二替入，二為陰陽陽，而午為第二個位置，故由「陽」替入。向方子由三替入，三為陽陰陰，而子為第二個位置，所以由「陰」替入。

最後得出其結果是，山挨星為陽，而向挨星為陰。

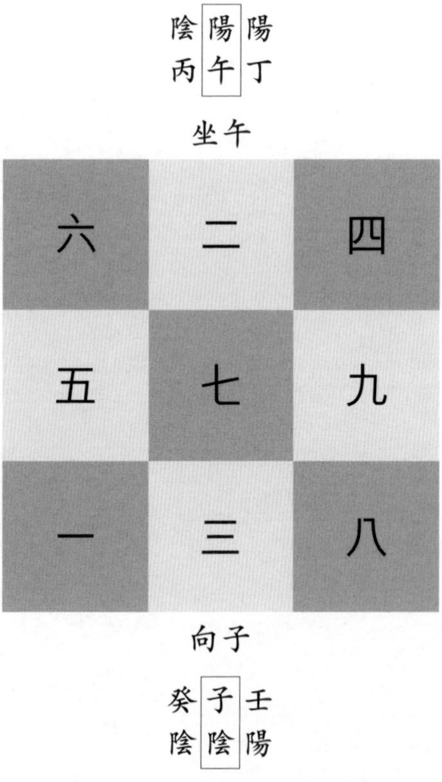

從以上四個例子得出其結果有四種：

（一）山挨星陰，向挨星陰

（二）山挨星陽，向挨星陽

（三）山挨星陰，向挨星陽

（四）山挨星陽，向挨星陰

如下圖七運坐甲向庚為例：

七運坐甲向庚之局

第一步先把七運之運星入中順飛（見下圖），然後再把甲山庚向之替星找出來。

如甲山位置之挨星為五，又五之替星為陽陰陰，而山星為甲卯乙之甲，即第一個，而五之第一個替星為陽，即甲以「陽」為替星順飛。

向星位置之挨星為九，而九之替星為陽陰陰，而向星庚酉辛方，庚是第一個，即以替星「陽」來代替。

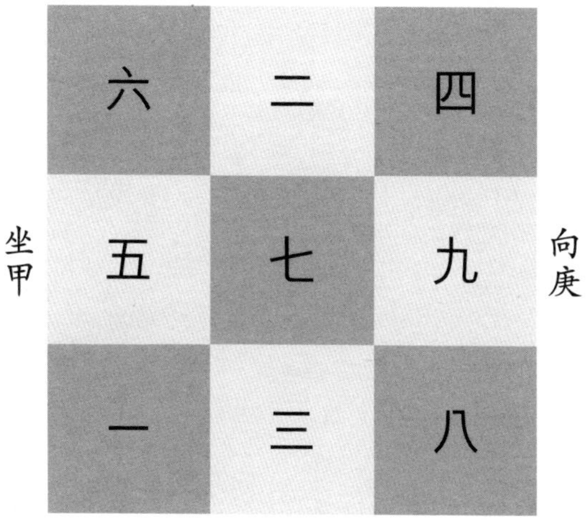

從而得出，山向飛星皆為陽而順飛，如下圖：

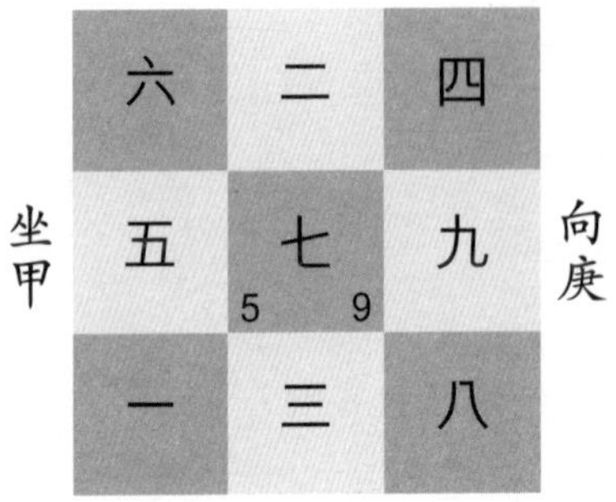

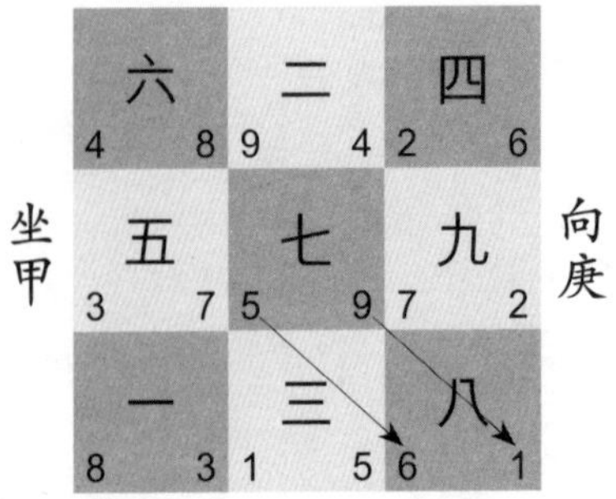

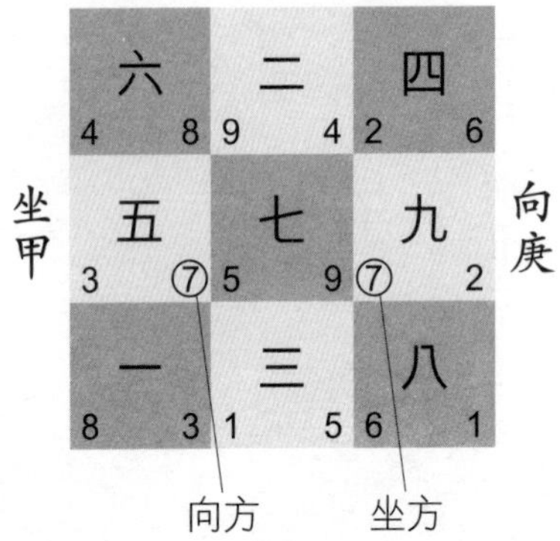

我們得出山向飛星皆陽之後，首先便要把山星之挨星「五」入中放於左方，向挨星之「九」入中放於右方，然後以元旦圖之方向順飛，即可得出下圖。

從下圖得出，山星之「七」即當運之星飛到向方，而向方之七則飛到坐方，這樣我們稱之為上山下水之局，亦即不旺財、不旺丁之局。

七運坐酉向卯之局

首先我們把七運運星入中順飛，然後再把挨星之替星找出來。

如山星為酉，酉方之挨星為九，即為陽陰陰，而山星庚酉辛，酉為第二個，即以「陰」來代替。

向星之挨星為五，替星為陽陰陰，而向星甲卯乙，卯為第二個，即以「陰」來代替。

	六	二	四	
向卯	五	七	九	坐酉
	一	三	八	

我們得出山向飛星皆為陰之後，再把山之挨星「九」置於中宮之左方，向星之挨星「五」放於中宮之右方，然後逆飛即可（註：陽挨星依元旦圖順飛，陰挨星即依元旦圖逆飛）。

從下圖得出山之旺星七在坐方，向之旺星七在向方，這樣我們稱之為到山到向，即旺丁旺財之局。

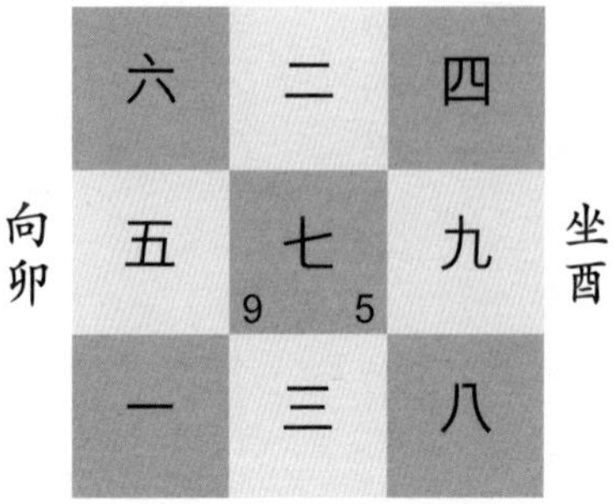

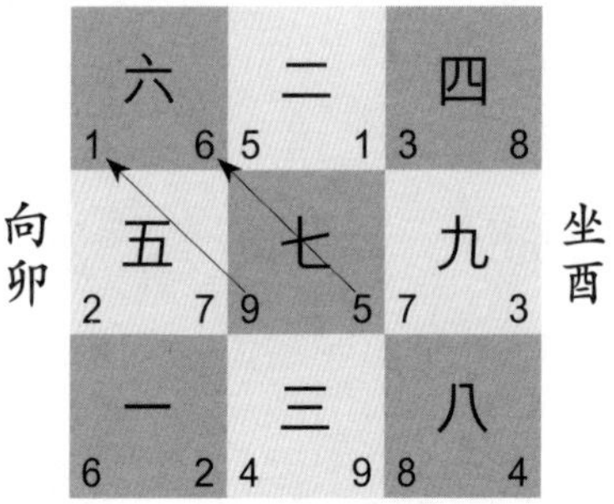

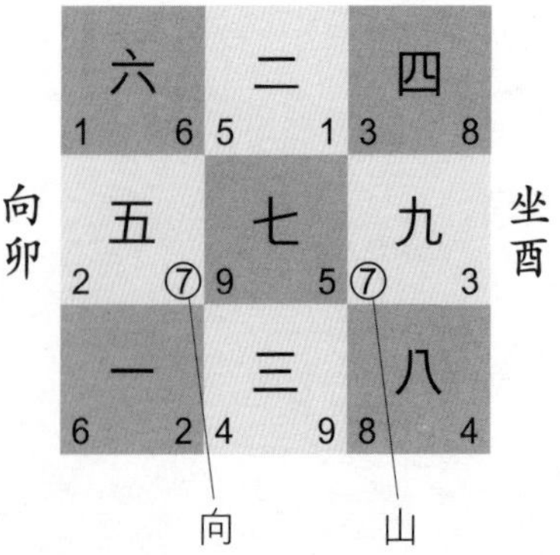

七運坐子向午之局

首先我們把七運之運星入中順飛，然後把子午之挨星替星找出來。如山星子之挨星為三，即陽陰陰，而山星壬子癸，子為第二個，即山之挨星為「陰」，而向之挨星為二，替星為陰陽陽，而向星丙午丁之午為第二個，其替星即為「陽」。

我們得出山挨星為陰，向挨星為陽後，然後再把山挨星之「三」放於中宮之左方逆飛，向挨星之「二」放於右方順飛便可得出下圖。

從下圖得出山星之「七」當運星在坐方，向星之「七」當運星亦在坐方，我們稱之為雙星到山，即旺丁不旺財局。

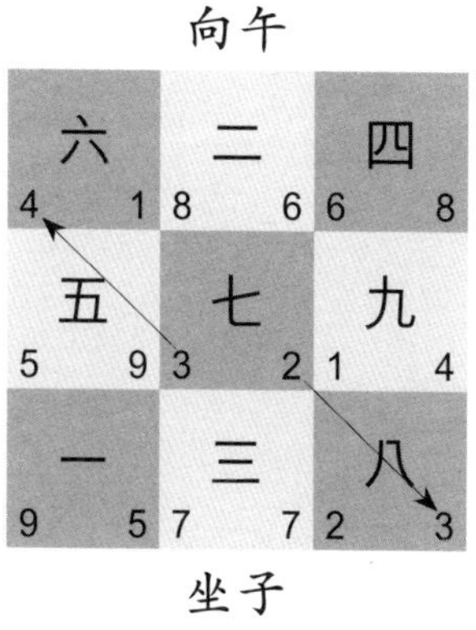

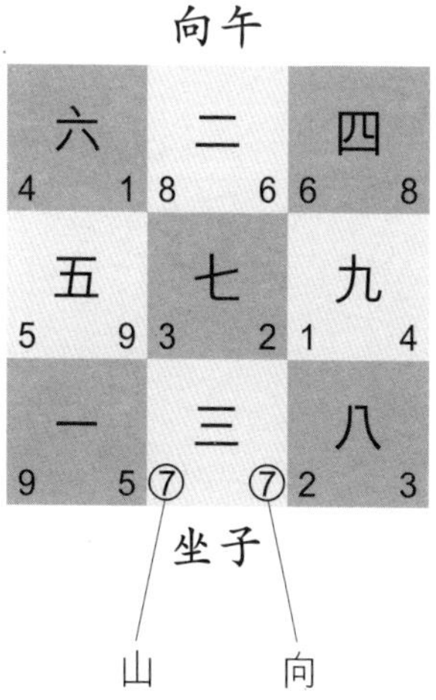

七運坐午向子之局

首先我們把七運之運星入中順飛，再把午子之挨星找出來。

如山星午之挨星為二，替星為陰陽陽，又坐方丙午丁之午為第二個，故以「陽」來代替。

向星之挨星為三，替星為陽陰陰，而向方壬子癸中子為第二個，即以「陰」來代替。

我們得出山星為陽，向星為陰後，便可依陽順陰逆之方法飛行，最後得出此圖：從下圖得出，山星之「七」到向方，向星之「七」亦在向方，我們稱之為雙星到向，即旺財不旺丁局。

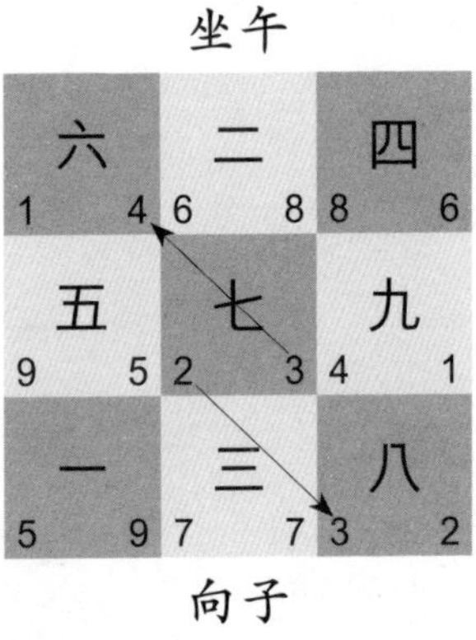

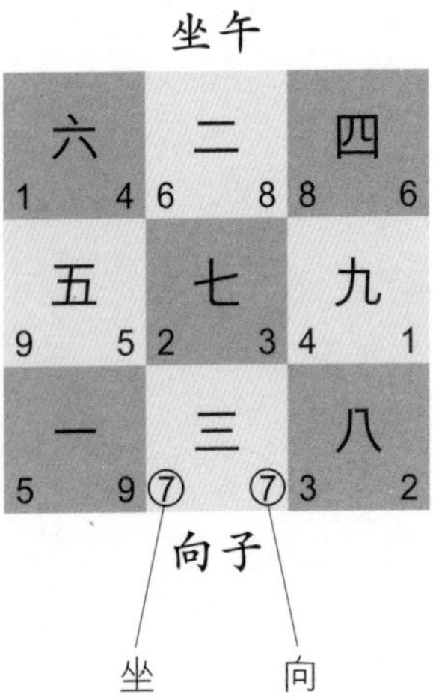

從以上四個局我們得出：

（一）山挨星為陰，向挨星為陰，為到山到向，旺丁旺財之局。

（二）山挨星為陽，向挨星亦為陽，為上山下水，不旺丁、不旺財之局。

（三）山挨星為陰，向挨星為陽，為雙星到山，旺丁不旺財局。

（四）山挨星為陽，向挨星為陰，為雙星到向，旺財不旺丁局。

現提供七運（即一九八四年至二〇〇三年）、八運（即二〇〇四年至二〇二三年）、九運（即二〇二四年至二〇四三年）之二十四個山向飛星局以作參考：

七運二十四個山向飛星局

（一）旺山旺向局（即旺財旺丁局）

坐卯向酉，坐酉向卯，坐乙向辛，坐辛向乙，坐戌向辰，坐辰向戌。

（三）上山下水局（即損財傷丁局）

坐甲向庚，坐庚向甲，坐巳向亥，坐亥向巳，坐乾向巽，坐巽向乾。

（三）雙星到向局（即旺財不旺丁局）

坐午向子，坐丁向癸，坐坤向艮，坐申向寅，坐壬向丙，坐丑向未。

（四）雙星到山局（即旺丁不旺財局）

坐子向午，坐癸向丁，坐艮向坤，坐寅向申，坐丙向壬，坐未向丑。

八運二十四個山向飛星局

（一）旺山旺向（旺財旺丁）

坐未向丑，坐丑向未，坐亥向巳，坐巳向亥，坐巽向乾，坐乾向巽。

（二）上山下水（損財傷丁）

坐戌向辰，坐辰向戌，坐申向寅，坐寅向申，坐坤向艮，坐艮向坤。

（三）雙星到山（旺丁不旺財）

坐壬向丙，坐甲向庚，坐午向子，坐丁向癸，坐酉向卯，坐辛向乙。

（四）雙星到向（旺財不旺丁）

坐丙向壬，坐庚向甲，坐子向午，坐癸向丁，坐乙向辛，坐卯向酉。

九運二十四個山向飛星局

（一）旺山旺向（旺財旺丁）

無。

（二）上山下水（損財傷丁）

無。

（三）雙星到向（旺財不旺丁）

坐午向子，坐酉向卯，坐巽向乾，坐坤向艮，坐申向寅，坐巳向亥，坐辛向乙，坐丁向癸，坐戌向辰，坐丑向未，坐甲向庚，坐壬向丙。

（四）雙星到山（旺丁不旺財）

坐子向午，坐卯向酉，坐乾向巽，坐艮向坤，坐寅向申，坐亥向巳，

坐乙向辛，坐癸向丁，坐辰向戌，坐未向丑，坐庚向甲，坐丙向壬。

山向飛星定吉凶

當我們把飛星之「山向飛星」旺衰之局定好以後，便可以開始判斷宅中之流年運勢。

六運坐子向午——

六運之坐子向午局，得出雙星到向，旺財不旺丁。

但我們如何判斷每運之吉凶呢？首先我們要根據山管人丁水管財之立論去判斷。

如六運之山向星同在向方（即南方），則此方有山即對人丁有幫助，有水就對財

向午

五 1 2	一 6 6	三 8 4
四 9 3	六 2 1	八 4 8
九 5 7	二 7 5	七 3 9

坐子

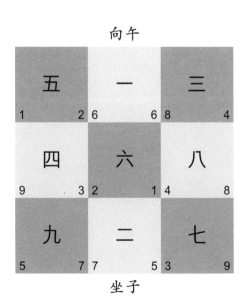

帛有幫助。

如七運則七之山星在正北，故正北方有山，即七運此宅旺丁；如七之向星在東北方，則此方有水即七運旺財。

如八運，八之山星在西南方，故此方有山即八運此宅旺丁；又八之向星在西方，故西方有水則八運旺財。

如九運，九之山星在東方，故九運東方有山則旺丁；九之向星在西北方，如西北方有水則旺財。

但一運，一之向星歸回中央，即表示此宅運勢盡了，再無行運之機會。此代表坐子向午之局，最多可以行八十年地運。

七運坐卯向酉——

又如七運坐卯向酉，我們從飛星旺衰之局得知七運坐卯向酉為旺山旺向，旺丁旺財之局。

此局得出七之山星在正東，如正東有山，則此局旺丁，又七之向星在西，故如西方有水則旺財。

如八運八之山星在西南，西南方有山則八運旺丁，又八之向星在西北，所以西北方有水則旺財。

如九運，九之山星在正北，但因九之向星已歸元復位，回到中央，即代表坐卯向酉之宅，最多只有四十年運而已。

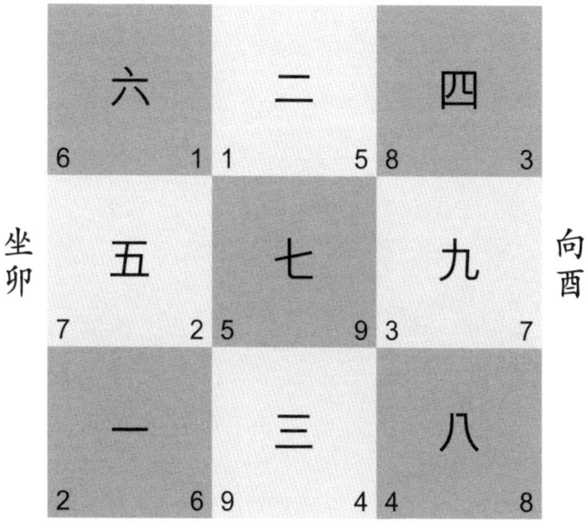

從以上方法，我們便可以得出每宅每運之吉凶及每宅最多可以行多少年運。為使各位讀者易於計算，現將每宅可行多少年運列出如下：

坐壬子癸——地運為八十年
坐丙午丁——地運為一百年
共一百八十年

坐丑艮寅——地運為一百二十年
坐未坤申——地運為六十年
共一百八十年

坐甲卯乙——地運為四十年
坐庚酉辛——地運為一百四十年
共一百八十年

坐辰巽巳——地運為二十年
坐戌乾亥——地運為一百六十年
共一百八十年

九星所屬之代表

我們得出每宅吉凶及各運運勢後，進一步便要開始判斷宅中每方位之吉凶情況。首先我們要知道九星所屬，現述如下：

「一白」「貪狼」號「水」神。（官星，桃花星）
「二黑」坤「土」起「巨門」（病符，財星）
「三碧」震「木」「祿存」星。（蚩尤，爭鬥星）
「四綠」「文昌」巽「木」親。（太乙，文曲，讀書考試星）
「五黃」「廉貞」中宮「土」。（死符，病毒星，偏財）
「六白」「武曲」屬乾「金」。（將星，權星）
「七赤」「破軍」「金」管「兑」。（賊星）
「八白」艮「土」「左輔」星。（輔助星，吉星）
「九紫」「右弼」離屬「火」。（輔助星，吉星）

九宮八卦此中分。

我們得知各星所屬後，就要進一步知道每星所代表的身體部位、人事代表及所應之身體疾病，從而推斷各星如遇失運或受剋之時所應之事。例如一白屬水，屬腎、膀胱等，如遇上二黑，而二黑為濕土，為胃腸消化系統等，所以一、二相會即水與濕土相會，從而構成腹瀉之症。為方便讀者學習，現把各星所代表之應事排列如下：

九星	所代表之應事
一白水	腎、膀胱、耳等。
二黑土	腹、胃、腸、消化系統等。
三碧木	膽、腳等。
四綠木	肝、足、股等。
五黃土	三焦、病毒、胃、腸等。
六白金	頭、頸、肺、大腸等。
七赤金	口、咽喉、舌、肺、大腸等。
八白土	手、肩、胃、腸消化系統。
九紫火	眼、心、血液循環等。

我們知道各星之吉凶後，便可依據局中的飛星情況去判斷宅中方位之吉凶及應事。

現今下元八運，以七、八、九為當令星，二、三、四為失令星。所以二、三、四所應之凶事較為嚴重，七、八、九所應之凶事較輕。但要注意的是，如只有局中之星出現凶象，而無外在形煞之相應，其所應之凶事並不嚴重。

例：七運坐子向午

以此局為例，正北方位為雙7，而七運七為旺星，所以此局正北為吉位，為當令當旺之位。

依次東北之星為9、5，九紫火生旺五黃死符為凶位、病位。

正東為5、9，亦為九紫生旺五黃之

向午

六 4　1	二 8　6	四 6　8
五 5　9	七 3　2	九 1　4
一 9　5	三 7　7	八 2　3

坐子

象，亦為病位，但不及東北之九五為凶，因向星較山星之力為大，又向星九為未來旺星，亦不為大凶。

東南方為4、1，四為文昌，一為官星，但皆失令。且向星一失令時為桃花星，所以此為有桃花之應。

正南方為8、6，八、六皆為吉星，所以此局之南方亦為吉位。

西南為6、8，皆為吉星，且向星八為八運之財星，故此位比正南方更為有利。

正西方為1、4，為文昌科名之位，雖一、四皆失令，但向星四亦以文昌而論，所以此位利學習或處理文件之用。

西北方2、3，二、三皆為失令之星，二為病符，三為蚩尤爭鬥之星，且二、三亦為土木相剋之象，所以凶上加凶，又二、三為鬥牛煞，主有爭訟禍害，所以此局西北為凶位。中央為3、2亦然。

除以上原局吉凶之外，尚需注意流年流月之星所構成之影響。如二〇一四年甲午流年飛星以四入中，就得出以下之星圖：

三	八	一
二	四	六
七	九	五

得出此圖後，須再與原局相比，看看有否加強凶象，或因流年星而化解了原局之凶象，然後再觀看流月之星的影響。

此外，最重要者為流年之三煞、五黃、二黑方位有否動土。如三煞、太歲、五黃有動土之象，再配合局中之飛星不佳，則必發凶禍，不可不防。

玄空紫白訣

現附上玄空紫白訣，以供各位讀者參考：

一四同宮準發科名之顯。

七九穿途常遭回祿之災。

二五交加而損主亦且重病。
三七疊臨而盜劫更見官刑。
五黃正煞不拘臨方到間常損人口。
二黑病符無論小運流年多生疾病。
五主孕婦受災驚，黃遇黑時出寡婦。
二主宅母多病患，黑遇黃時出鰥夫。
七遇六時交劍煞好勇鬥狠。
二遇三時鬥牛煞與訟招災。
七逢三到生財，豈知財多被盜。
三逢七臨生病，哪知病癒遭官。
六八主武科發跡，否亦韜略榮身。
八六為文士參軍或則異途擢甲。
九紫雖司喜氣，然六會九而長房血症，七九之會尤凶。
四綠固號文昌，然八會而小口損傷，三八逢更凶。

八逢紫曜婚喜重來。

六遇艮星尊榮不次。

以上為九宮飛星之基本運用方法，各位讀者只要將之熟記，自可運用自如。

三煞、五黃、二黑、太歲、年月飛星圖

此外，尚需注意每年之三煞位、五黃位、二黑位、太歲位、太歲相沖位，以及年月飛星等，現逐一列出如下：

太歲位——每年太歲所屬之方位。

太歲沖——乃太歲對沖之位，即每年生肖對沖之方位，不宜動土。

年三煞位——猴鼠龍年，煞在南方。
虎馬狗年，煞在北方。
蛇雞牛年，煞在東方。
豬兔羊年，煞在西方。
（以上）三煞方不宜動土。

月三煞位——三、七、十一月，煞在南方。
一、五、九月，煞在北方。
四、八、十二月，煞在東方。
二、六、十月，煞在西方。

年飛星——二〇〇〇年以九入中，〇一年以八入中，〇二年以七入中。其方程式為「（99減當年數）除9」，其餘數即當年飛星。

月飛星——即每月入中之數，然後再順飛，佈置八方（詳見下表）。

日飛星——《寶海經》云：日家白法不難求，二十四氣六宮周，冬至雨水及穀雨，陽順一四七中遊，夏至處暑霜降後，九六三星逆行求。

月飛星圖

年份 ＼ 飛星入中 ＼ 月份	一	二	三	四	五	六	七	八	九	十	十一	十二
子（鼠）午（馬）卯（兔）酉（雞）	八	七	六	五	四	三	二	一	九	八	七	六
辰（龍）戌（狗）丑（牛）未（羊）	五	四	三	二	一	九	八	七	六	五	四	三
寅（虎）申（猴）巳（蛇）亥（豬）	二	一	九	八	七	六	五	四	三	二	一	九

如冬至後之甲子日，上元起一白，乙丑日起二黑；雨水後之甲子日，中元起七赤，乙丑日為八白；穀雨後之甲子日，下元起四綠，乙丑日五黃，皆順行佈置值日飛星，順量天尺而飛。

夏至後之甲子日，上元起九紫，乙丑日起八白；處暑後之甲子日，中元起三碧，乙丑日起二黑；霜降後之甲子日，下元起六白，乙丑日起五黃，皆逆行佈置值日飛星，逆量天尺而飛。

亦有以每年冬至後之第一個甲子起一白順飛；雨水後之第一個甲子起七赤順飛；穀雨後之第一個甲子起四綠順飛；夏至後之第一個甲子起九紫逆飛；處暑後之第一個甲子起三碧逆飛；霜降後之第一個甲子起六白逆飛。

但因日紫白應用較少，實難於驗證，且受年月紫白之影響已大，日紫白之功用到底有多少，亦成疑問，故只宜作參考，再加以驗證。

飛星之特別格局

聯珠三般卦

每宮位之三個數字皆能串連起如二、三、四，三、四、五，七、八、九等。例如：

七運坐巽向乾 坐巳向亥

坐巳（巽）

六 5 7	二 1 3	四 3 5
五 4 6	七 6 8	九 8 1
一 9 2	三 2 4	八 7 9

向亥（乾）

五運坐巽向乾

向乾

四 5 3	九 1 8	二 3 1
三 4 2	五 6 4	七 8 6
八 9 7	一 2 9	六 7 5

坐巽

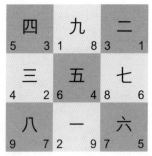

局中三般卦

即凡每宮山向飛星與運星得出一、四、七，二、五、八，三、六、九等。例如：

八運坐艮向坤
坐寅向申

此局之原理乃一四七、二五八、三六九，三運互通，引通其氣而能借運——

一運借四、七運之氣，

四運借七、一運之氣，

七運借一、四運之氣，

二五八、三六九運之用法同。

向坤（申）

七 1 4	三 6 9	五 8 2
六 9 3	八 2 5	一 4 7
二 5 8	四 7 1	九 3 6

坐艮（寅）

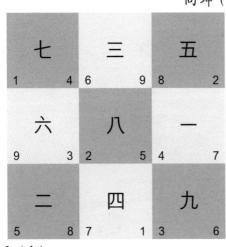

五運艮坐坤向（又為反吟）

局中出現三般卦共有十六局。

二運——艮山坤向、坤山艮向、
寅山申向、申山寅向。

四運——丑山未向、未山丑向。

五運——艮山坤向、坤山艮向、
寅山申向、申山寅向。

六運——丑山未向、未山丑向。

八運——艮山坤向、坤山艮向、
寅山申向、申山寅向。

向坤

四 7 1	九 3 6	二 5 8
三 6 9	五 8 2	七 1 4
八 2 5	一 4 7	六 9 3

坐艮

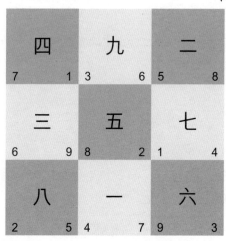

合十格

凡每宮山星、向星或運星相加成十為合十格。例如：

七運子山午向（運星山星合十）

向午

4 六 1	8 二 6	6 四 8
5 五 9	3 七 2	1 九 4
9 一 5	7 三 7	2 八 3

坐子

一運乾山巽向（運星向星合十）

向巽

1 九 1	6 五 5	8 七 3
9 八 2	2 一 9	4 三 7
5 四 6	7 六 4	3 二 8

坐乾

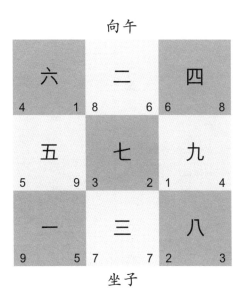

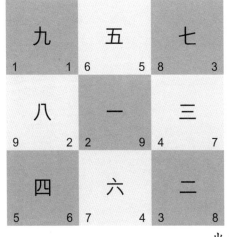

合十格一共有二十四局。在飛星計算中，一、九運雖無旺山旺向之局，但可借用合十之局補救。合十原理在於理氣互通——一九合十，一運通九運之氣，九運通一運之氣；二八合十，二運通八運之氣，八運通二運之氣；三七合十，三運通七運之氣，七運通三運之氣；四六合十，四運通六運之氣，六運通四運之氣。合十之局共有二十四局：

運數	合十格局
一運	乾山巽向，運星與向星合十。 亥山巳向，運星與向星合十。 巽山乾向，運星與山星合十。 巳山亥向，運星與山星合十。
二運	丑山未向，運星與向星合十。 未山丑向，運星與山星合十。
三運	子山午向，運星與向星合十。 癸山丁向，運星與向星合十。 午山子向，運星與山星合十。 丁山癸向，運星與山星合十。

四運	六運	七運	八運	九運
庚山甲向，運星與山星合十。 甲山庚向，運星與向星合十。	庚山甲向，運星與向星合十。 甲山庚向，運星與山星合十。	子山午向，運星與山星合十。 癸山丁向，運星與山星合十。 午山子向，運星與向星合十。 丁山癸向，運星與向星合十。	丑山未向，運星與山星合十。 未山丑向，運星與向星合十。	乾山巽向，運星與山星合十。 亥山巳向，運星與山星合十。 巽山乾向，運星與向星合十。 巳山亥向，運星與向星合十。

反吟伏吟

伏吟即山星或向星之走向與元旦圖之數相同。反吟即山向飛星之數與運星之數剛好在對宮出現。

伏吟——

九運壬山丙向（山星伏吟）

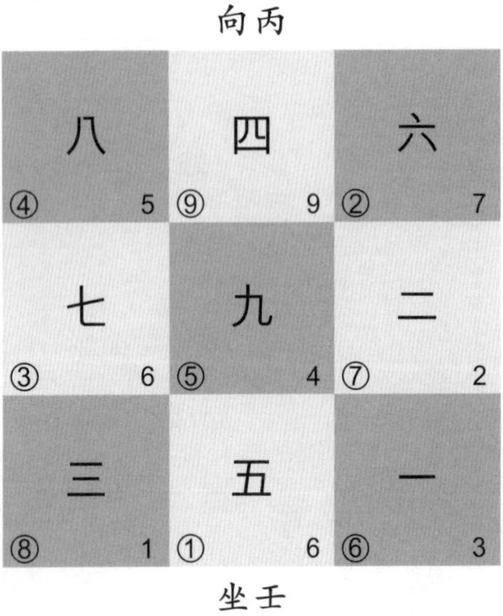

如地盤伏吟

反伏吟——

八運艮山坤向

（坐方運星二於向方向星出現，向方運星五於坐方山星出現。）

坤向

七 1 ④	三 6 ⑨	㊄ 8 ②
六 9 ③	八 2 ⑤	一 4 ⑦
㊁ ⑤ ⑧	四 7 ①	九 3 ⑥

坐艮

反吟——

五運坤山艮向

坐坤

四 1 7	九 6 3	㊁ 8 ⑤
三 9 6	五 2 8	七 4 1
㊇ 5 ②	一 7 4	六 9 3

向艮

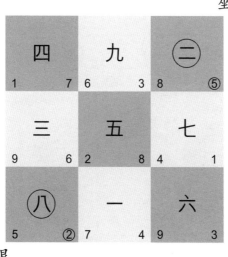

五運寅山申向

反吟伏吟，即卦氣重疊及卦氣相反，重疊者即伏，不論在八字或風水上皆為凶兆。

如五遇五，加重五黃凶星之力，而二遇二，七遇七，三遇三，皆加重凶星之力。即使一遇一亦不佳，因水過旺；四遇四雖為文昌，其凶較小，但亦有木過旺之勢，餘此類推。

反吟即運星上山下水，與局中上山下水相同，有損財傷丁之象。

申向

四 7　1	九 3　6	㊁ 5　⑧
三 6　9	五 8　2	七 1　4
㊇ ②　5	一 4　7	六 9　3

寅山

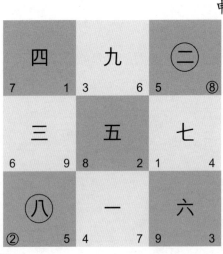

反伏吟共有二十八局：

運數	反伏吟局
一運	壬山丙向，向星全部伏吟。 丙山壬向，山星全部伏吟。
二運	艮山坤向，向星全部反伏吟。 坤山艮向，向星全部反伏吟。 寅山申向，山星全部反伏吟。 申山寅向，向星全部反伏吟。
三運	甲山庚向，向星全部伏吟。 庚山甲向，山星全部伏吟。
四運	巽山乾向，向星全部伏吟。 乾山巽向，山星全部伏吟。 亥山巳向，山星全部伏吟。 巳山亥向，向星全部伏吟。
五運	艮山坤向，坐方山星與向方向星，反吟。 坤山艮向，坐方向星與向方山星，反吟。 寅山申向，坐方山星與向方向星，反吟。 申山寅向，坐方向星與向方山星，反吟。

運數	反伏吟局
六運	巽山乾向，山星全部伏吟。 乾山巽向，向星全部伏吟。 亥山巳向，向星全部伏吟。 巳山亥向，山星全部伏吟。
七運	甲山庚向，山星全部伏吟。 庚山甲向，向星全部伏吟。
八運	艮山坤向，向星全部反伏吟。 坤山艮向，山星全部反伏吟。 寅山申向，向星全部反伏吟。 申山寅向，山星全部反伏吟。
九運	壬山丙向，山星全部伏吟。 丙山壬向，向星全部伏吟。

七星打劫

七星打劫亦即父母三般卦，其原理不外乎生成、合十，搶奪下兩元之氣運而為我用。為風水搶運之術。

七星者，下元「七」運，逆行至七位為「一」，「一」逆行至七位為「四」。

父母三般卦即一四七、二五八、三六九；生成即一六、二七、三八、四九；合十即一九合十，二八合十，三七合十，四六合十。

七星打劫之首要條件是雙星到向，然後在乾、震、離三方之向星成一四七、二五八、三六九之象為離宮打劫，為真打劫。

七星真打劫

一運子山午向

此局雙星到向，山向星與中宮山星成一六生成，坐方向方向星一九合十，乾、震、離三方成一四七父母三般卦。

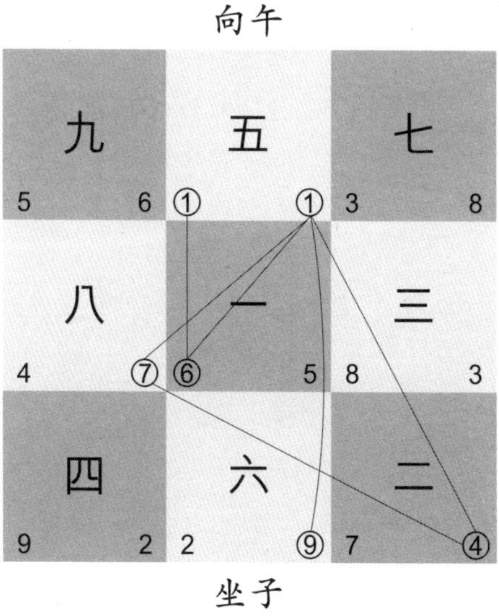

二運酉山卯向

雙星到向，乾、震、離方成二五八父母三般卦，中宮山向星為四九生成，山向方向星為二七生成，坐方山星與中宮山星成合十之數。

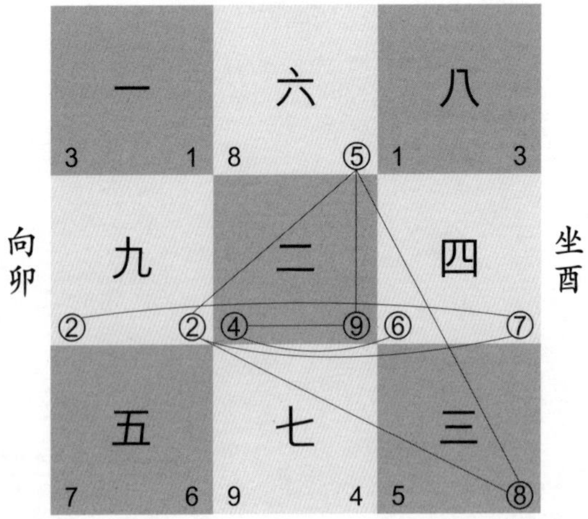

三運坐癸向丁

雙星到向，坐方向星二與中宮向星七為二七生成之數，向方山向星三與中宮向星七成合十之數，向方山星三與中宮山星八成三八生成之數，而乾、震、離方則成三六九父母三般卦。

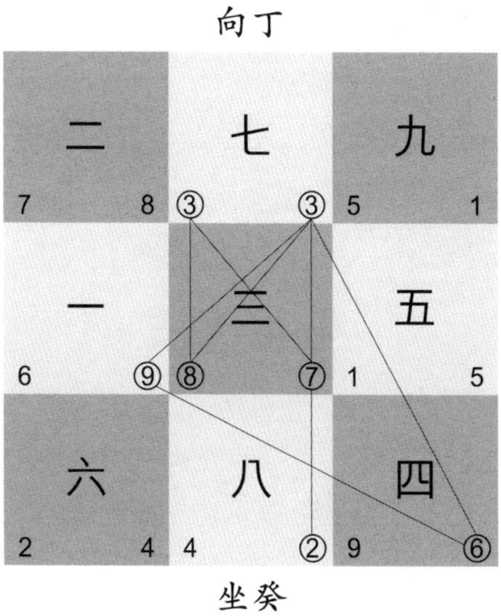

七運壬山丙向

雙星到向，坐方山星八與中宮山星三成三八生成之數，向方山星七與中宮山星三為七三合十之數，向方向星七與中宮向星二成二七生成之數，乾震離三方成一四七父母三般卦。

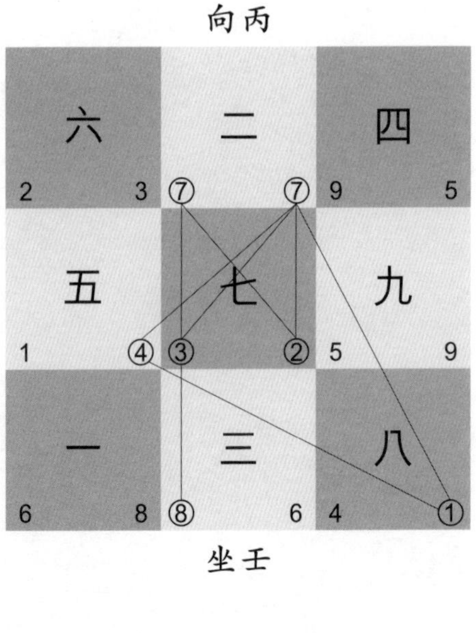

八運庚山甲向

雙星到向，坐方向星四與中宮向星六成四六合十之數，坐方山星三與向方山向飛星成三八生成之數，而乾震離方則成二五八父母三般卦。

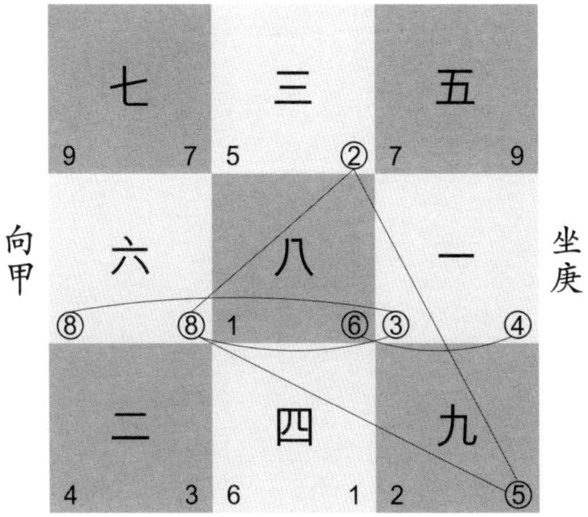

七星假打劫

七星打劫以乾震離三方之離宮打劫為真打劫，而以坎巽兑三方之坎宮打劫為假打劫，又其效用較次。

四運午山子向

雙星到向，坐方山星三與中宮山星八成三八生成之數，向方向星四與中宮向星九成四九生成之數，坎、巽、兑成一四七父母三般卦。

坐午

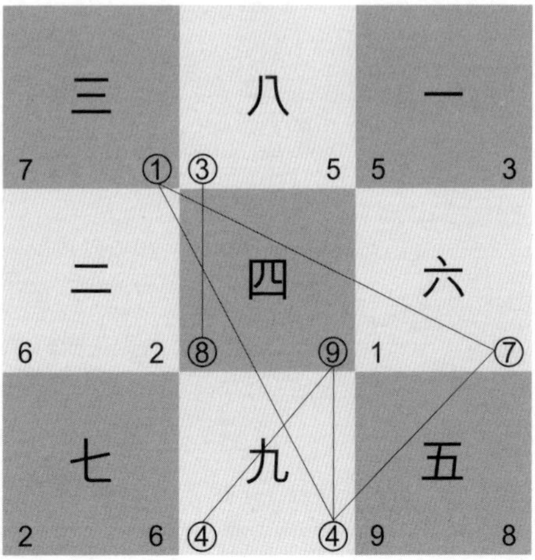

向子

五運坐子向午

五運雖然不會出現七星打劫，但會出現局中三般卦，以及出現比七星打劫更巧妙之局。

旺山旺向，向方山星六與中宮山星一成一六生成之數，坐方向星四與中宮向星九成四九生成之數，中宮運星五與山向星五皆成合十，運星山向方亦成一九合十之數，坐方向星四與向方運星九成四九生成之數，向方山星六與坐方運星一成一六生成之數，坐方山星五與向方向星五成合十之數，坐方向星四與向方山星六成合十之數，可見全局不但有關連，而且旺山旺向，其局更佳。

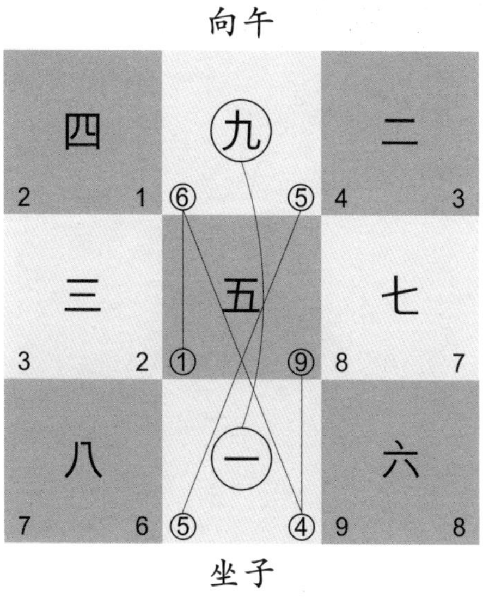

六運丙山壬向

雙星到向，坐方向星七與中宮向星二成二七生成之數，向方山星六與中宮山星一成一六生成之數，坎巽兌方成三六九父母三般卦。

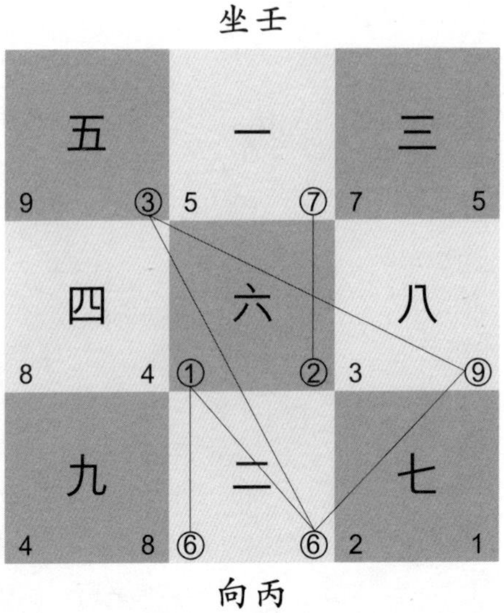

九運丁山癸向

雙星到向，向方山星九與中宮山星四成四九生成之數，向方向星九與坐方向星一成合十之數，中宮山星四與向方山向飛星成四九生成之數。坎巽兑方，成三六九父母三般卦。

坐丁

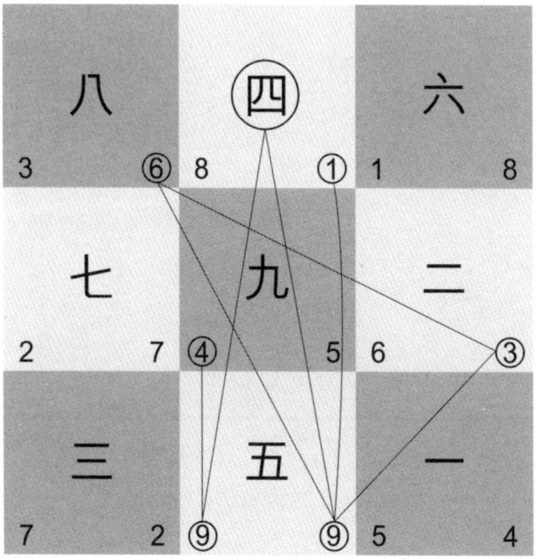

向丙

七星真打劫（離宮打劫）共二十四局：

運數	七星真打劫（離宮打劫）局
一運	子山午向：一四七父母三般卦 辰山戌向：一四七父母三般卦 庚山甲向：一四七父母三般卦 癸山丁向：一四七父母三般卦
二運	酉山卯向：二五八父母三般卦 壬山丙向：二五八父母三般卦 辛山乙向：二五八父母三般卦
三運	子山午向：三六九父母三般卦 癸山丁向：三六九父母三般卦
四運	辰山戌向：一四七父母三般卦 壬山丙向：一四七父母三般卦
五運	只有局中三般卦而無父母三般卦

六運	七運	八運	九運
子山午向：三六九父母三般卦 癸山丁向：三六九父母三般卦 巽山乾向：三六九父母三般卦，但因犯伏吟不能為用。 巳山亥向：三六九父母三般卦，但因犯伏吟不能為用。	壬山丙向：一四七父母三般卦	子山午向：二五八父母三般卦 庚山甲向：二五八父母三般卦 癸山丁向：二五八父母三般卦	酉山卯向：三六九父母三般卦 壬山丙向：三六九父母三般卦，但因犯伏吟不能為用。 辛山乙向：三六九父母三般卦 巽山乾向：三六九父母三般卦 巳山亥向：三六九父母三般卦

七星假打劫（坎宮打劫）共二十四局：

運數	七星假打劫（坎宮打劫）局
一運	卯山酉向：一四七父母三般卦 丙山壬向：一四七父母三般卦，但因犯伏吟不能為用。 乙山辛向：一四七父母三般卦 乾山巽向：一四七父母三般卦 亥山巳向：一四七父母三般卦
二運	午山子向：二五八父母三般卦 甲山庚向：二五八父母三般卦 丁山癸向：二五八父母三般卦
三運	丙山壬向：三六九父母三般卦
四運	午山子向：一四七父母三般卦 丁山癸向：一四七父母三般卦 乾山巽向：一四七父母三般卦，但因犯伏吟不能為用。 亥山巳向：一四七父母三般卦，但因犯伏吟不能為用。

運	內容
五運	只有局中三般卦而無父母三般卦
六運	戌山辰向：三六九父母三般卦 丙山壬向：三六九父母三般卦
七運	午山子向：一四七父母三般卦 丁山癸向：一四七父母三般卦
八運	卯山酉向：二五八父母三般卦 丙山壬向：二五八父母三般卦 乙山辛向：二五八父母三般卦
九運	午山子向：三六九父母三般卦 戌山辰向：三六九父母三般卦 甲山庚向：三六九父母三般卦 丁山癸向：三六九父母三般卦

七星打劫真假共四十八局，因有六局犯反伏吟不能為用，故共有四十二局。

七星打劫之法，最好能夠配合有水或為低地、空曠之地為打劫之方，否則空有打劫而不能為用。但因現代環境難以配合周邊有低地、空曠之地，故可借用現代格局，自行佈置室內水法——在打劫三方放水種植物、魚缸等一切有水之物件，以起打劫之用。例如：

七運午山子向

雙星到向，坐方向星八與中宮向星三成三八生成之局，與中宮二又合成二八合十之局，中宮山星二與向方山星七合成二七生成之數，與向星七亦成二七生成之數，且中宮向星三與向方山向飛星皆成合十之數。

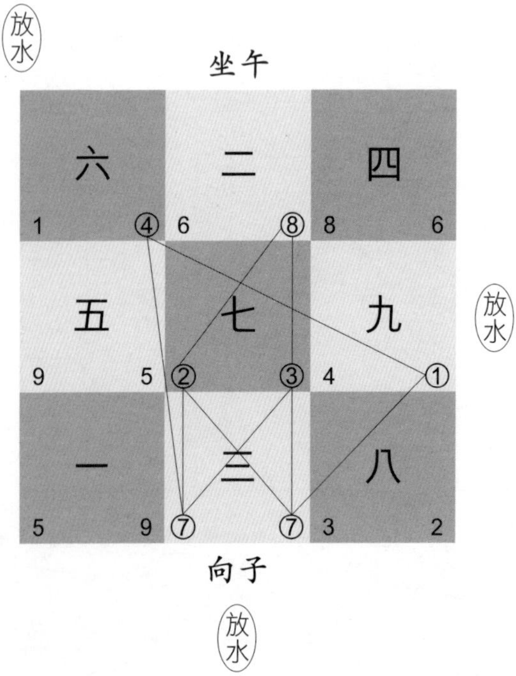

此局最為神妙，發福最快，如坎巽兑方為地低有水則更妙，如無亦能在室內坎巽兑方放水催財。

大門向北

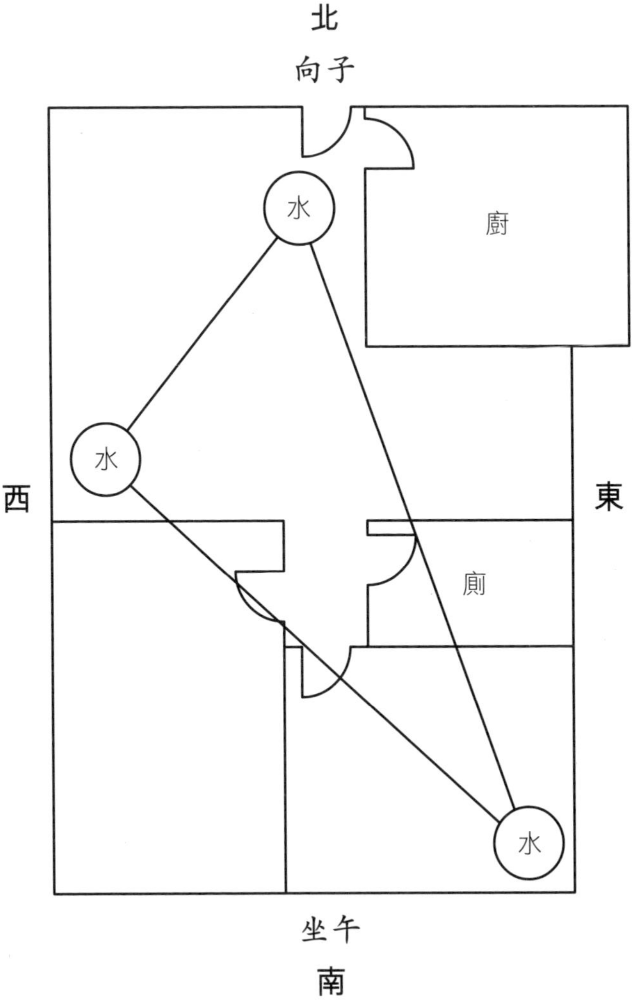

城門訣

城門訣主要在於向方左右兩宮，其原理與飛星之旺山旺向、上山下水相同，只是城門訣是用向首左右兩宮運星，再依照其陰陽順逆飛行。

凡逆飛為旺星到向者，皆可用城門水法。如本局已旺山旺向，則城門水法為錦上添花；如本局為上山下水，則城門水為其補救之辦法。

城門又分正城門及副城門兩種。正城門為一六共宗，坎乾方互通；二七同途，坤兑方互通；三八為朋，震艮方互通；四九為友，巽離方互通。因上四局為先天生成之數，可借氣為用，合該互通。惟其餘四方雖合城門之法，但因其氣不通，未能有情，故即使用城門訣，其力亦無正城門之大。

其餘四方之城門為：坎艮二方、震巽二方、離坤二方、兑乾二方。

城門之用法是在大門正方之左右兩旁開一氣口，如左右氣口剛好合方城門訣，則能借左右兩方之旺氣，輔助正方之氣，使其福澤更久。

運用此法後，即使遇到流年凶星到門，亦有左右兩方旺星照護，使其禍減至最少。

如果左右方有側門，而凶星在正門時，則可棄正門不用而改用側門，將有更佳之效。

城門訣用法

城門訣之起法為，先用運星天盤向首之左右兩方，然後依照其數字之陰陽，定出其順飛逆飛。

如逆飛，則城門訣可用，如坐子向午一運，其左方天盤運星為九，右方天盤運星為七。而坐子向午，午為丙午丁之第二個字。

一運坐子向午飛星局

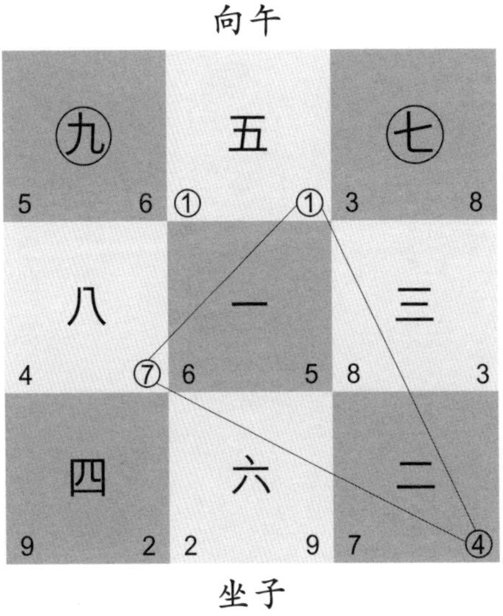

左方運星為九，九為陽陰陰，第二個字為陰，然後把九入中逆飛，得出旺星一到左上方巽位，而巽與離通氣為正城門。

右方運星七為陽陰陰，第二個字為陰逆飛，得出旺星一在右上方坤位。但因坤離位其氣不通為副城門，故一運坐子向午左右兩方皆有城門可用。

上局一運坐子向午，雙星到向，使乾震離方成父母三般卦。再加上左右巽坤二方有正副城門可用，其局甚佳。

一運坐子向午城門局

巽方	向午	坤方
九 ① 8	五 5 3	七 3 ①
八 2 9	一 9 7	三 7 5
四 6 4	六 4 2	二 8 6
	坐子	

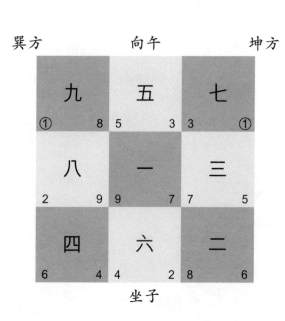

七運坐庚向甲飛星局

七運庚山甲向，犯上山下水，為損財傷丁之局。

左方丑艮寅方天盤運星為一，而向方甲卯乙，甲為第一個字，配以丑艮寅方之第一個字為丑，其方之運星一為陽陰陰，即第一個字為陽順飛，故旺星不能到向，城門不能為用。

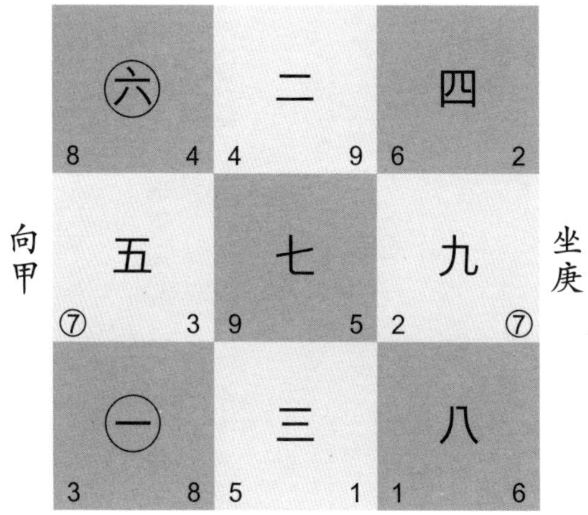

丑方城門——上山

9	5	⑦
8	1	3
4	6	2

丑方

辰方城門——到向

辰方

⑦	2	9
8	6	4
3	1	5

辰巽巳方，辰為第一個字，而天盤運星辰方為六，六為陰陽陽，第一個字為陰逆飛，得出旺星到辰，故辰方城門可用。雖為副城門，但在此方開門放水，亦為補救之法。

八運寅山申向飛星圖

向申

㊀丁

七 1 4	三 6 9	五 ⑧ 2
六 9 3	八 2 5	一 4 7
二 5 ⑧	四 7 1	九 3 6

㊀辛

坐寅

八運寅山申向犯上山下水損財傷丁，惟有看左右丁辛二方可有城門可用，作為其補救辦法。

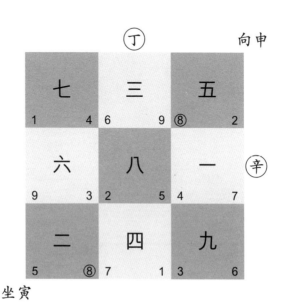

辛方城門——到向

2	6	4	
3	1	⑧	辛方
7	5	9	

辛方之天盤運星為一，為陽陰陰。辛為第三個字屬陰逆飛，故得其城門旺星，為正城門。

丁方城門——到向

	丁方	
4	⑧	6
5	3	1
9	7	2

丁方之天盤運星為三，為陽陰陰。丁為第三個字屬陰逆飛，故得其城門旺星，為副城門。

九運坐子向午

巽　向午　坤

八 6　3	四 1　8	六 8　1
七 7　2	九 5　4	二 3　6
三 2　7	五 ⑨　⑨	一 4　5

坐子

九運坐子向午，雙星到山，旺丁不旺財，惟有借城門訣收向上左右兩旁之旺水作催財之用。

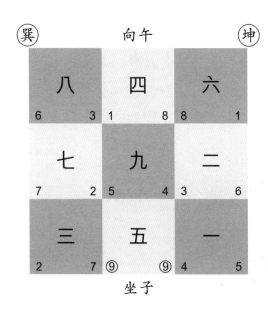

坤方城門——上山

坤方

5	1	3
4	6	8
⑨	2	7

巽方城門——上山

巽方

7	3	5
6	8	1
2	4	⑨

坤方天盤運星為六，為陰陽陽，而坤為第二個字屬陽順飛，故無法取得城門旺氣。

巽方天盤運星為八，為陰陽陽，而巽為第二個字屬陽順飛，故無法取得城門旺氣。

由此可見，九運坐子向午，雙星到山，旺丁不旺財，加上無城門可用，為不旺財局，且無法用城門訣補救。

一運至九運每方向用之城門

九運	八運	七運	六運	五運	四運	三運	二運	一運	城門／方向
艮乾	乾	艮	艮乾	X	艮	X	乾	X	子向
寅亥	亥	寅	寅亥	X	寅	X	亥	X	癸向
X	壬甲	X	壬甲	X	甲	壬	X	壬甲	丑向
子卯	X	子卯	X	子卯	子	卯	子卯	X	艮向
癸乙	X	癸乙	X	癸乙	癸	乙	癸乙	X	寅向
辰	丑	辰	辰	辰丑	X	辰丑	丑	丑	甲向
艮	巽	艮	艮	X	巽艮	X	巽	巽	卯向
寅	巳	寅	寅	X	巳寅	X	巳	巳	乙向
丙	甲	丙	甲	X	甲丙	X	丙	甲	辰向
卯	午	卯	午	卯午	X	卯午	卯	午	巽向
乙	丁	乙	丁	乙丁	X	乙丁	乙	丁	巳向
未辰	未	未辰	X	未辰	X	辰	未	X	丙向
X	巽	X	坤	X	坤巽	坤	巽	坤巽	午向
X	巳	X	申	X	申巳	申	巳	申巳	丁向
丙庚	X	丙	庚	X	丙庚	X	丙庚	X	未向
X	午酉	酉	午	午酉	X	午酉	X	午酉	坤向
X	丁辛	辛	丁	丁辛	X	丁辛	X	丁辛	申向
未	未	戌未	X	戌未	戌	戌	未	戌	庚向
乾	乾	X	乾坤	X	坤	坤	乾	坤	酉向
亥	亥	X	亥申	X	申	申	亥	申	辛向
庚	壬	X	庚壬	X	庚	壬	庚	壬	戌向
子	酉	酉子	X	酉子	子	酉	子	酉	乾向
癸	辛	辛癸	X	辛癸	癸	辛	癸	辛	亥向
X	丑	戌	X	丑戌	戌	丑戌	丑	丑戌	壬向

催官水

催官水之應用在於向方向星與左右兩旁之向星，能否合成一六、二七、三八、四九生成之數，如能即可用催官水法。例如：

六運戌山辰向

下局六運坐戌向辰，為雙星到向之局。因向首六與右方向星成一六互通之氣，故如在一六方有水，一之合十方，即向星九方有山，則一九合十，山水互通，最能催官發貴。如外局未能配合，亦可在局中東南及南方放水、北方放假山，同樣能起催官發貴之用。古代催官無非重於考取功名，現代催官則利考取學位，故可用於學習考試。

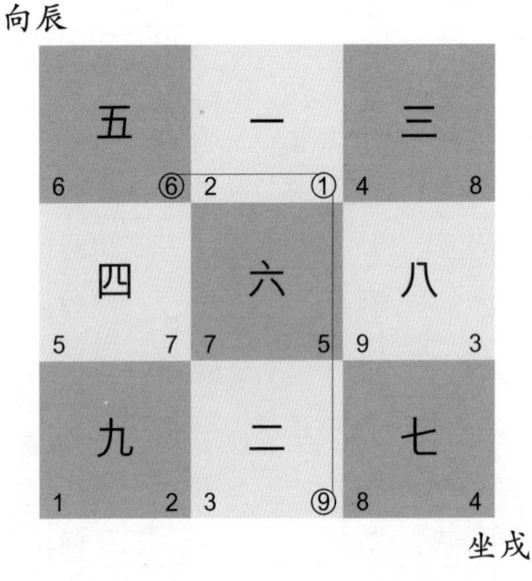

七運庚山甲向

此局七運庚山甲向，犯上山下水，尤幸向星三與左方向星八成三八生成之局，可用催官水法。

其法於向方上放動水，東北左方亦放動水，再於西南合十方放假山石頭，即可催旺財星功名。

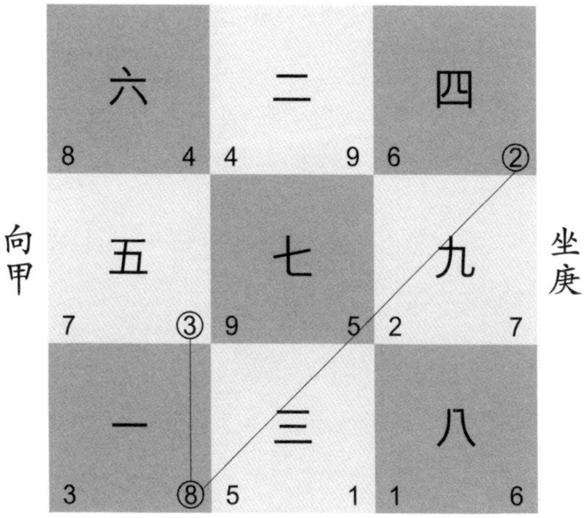

七運午山子向

此局七運午山子向，雙星到向，向首七與左方西北之向星為二七生成之數。加上二與南方向星八又成合十之數，故如此局正北、西北為水方、低地，南方有高山、高塔，則能起催官旺財之用。如不，亦可在內局之正北、西北放水，正南放假山石。

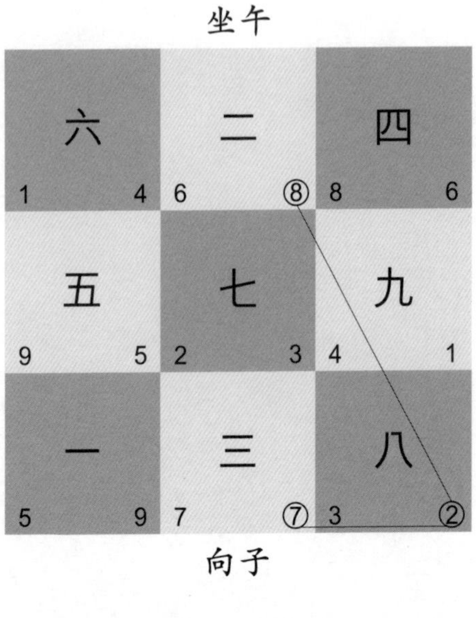

現將每運之催官水及其山水佈置之法列出如下：

運數	催官水及其山水佈置之法
一運	子山午向——水在正南、東南，山在西北。 癸山丁向——水在正南、東南，山在西北。 丑山未向——水在西南、正西，山在東北。 卯山酉向——水在正西、西南，山在東南。 乙山辛向——水在正西、西南，山在東南。 辰山戌向——水在西北、正北，山在正東。 午山子向——水在正北、西北，山在西南。 丁山癸向——水在正北、西北，山在西南。 坤山艮向——水在東北、正東，山在正南。 申山寅向——水在東北、正東，山在正南。 壬山丙向——水在正南、東南，山在西北。

二運	三運
甲山庚向——水在正西、西南，山在西北。	子山午向——水在正南、東南，山在正北。
卯山酉向——水在正西、西南，山在正北。	癸山丁向——水在正南、東南，山在正北。
乙山辛向——水在正西、西南，山在正北。	甲山庚向——水在正西、西南，山在東北。
丙山壬向——水在正北、西北，山在正南。	卯山酉向——水在正西、西南，山在東北。
未山丑向——水在東北、正東，山在正西。	乙山辛向——水在正西、西南，山在東北。
坤山艮向——水在東北、正東，山在正西。	
申山寅向——水在東北、正東，山在正西。	
壬山丙向——水在正南、東南，山在東北。	

三運	四運
辰山戌向——水在西北、正北，山在正西。	甲山庚向——水在正西、西南，山在正北。
午山子向——水在正北、西北，山在正西。	卯山酉向——水在正西、西南，山在西北。
丁山癸向——水在正北、西北，山在正西。	乙山辛向——水在正西、西南，山在西北。
未山丑向——水在東北、正東，山在正南。	辰山戌向——水在西北、正北，山在正南。
乾山巽向——水在東南、正南，山在正西。	巽山乾向——水在西北、正北，山在正南。
亥山巳向——水在東南、正南，山在正西。	巳山亥向——水在西北、正北，山在正南。

四運	五運	六運
坤山艮向——水在東北、正東，山在西南。 申山寅向——水在東北、正東，山在西南。 壬山丙向——水在正南、東南，山在正東。	甲山庚向——水在正西、西南，山在東南。 巽山乾向——水在西北、正北，山在正西。 巳山亥向——水在西北、正北，山在正西。 庚山甲向——水在正東、東北，山在西北。 乾山巽向——水在東南、正南，山在正東。 亥山巳向——水在東南、正南，山在正東。	艮山坤向——水在西南、正西，山在東北。 寅山申向——水在西南、正西，山在東北。 丙山壬向——水在正北、西北，山在正西。

六運	七運
庚山甲向——水在正東、東北，山在正南。	子山午向——水在正南、東南，山在正東。
酉山卯向——水在正東、東北，山在東南。	癸山丁向——水在正南、東南，山在正東。
辛山乙向——水在正東、東北，山在東南。	丑山未向——水在西南、正西，山在正北。
戌山辰向——水在東南、正南，山在正北。	巽山乾向——水在西北、正北，山在正東。
乾山巽向——水在東南、正南，山在正北。	巳山亥向——水在西北、正北，山在正東。
亥山巳向——水在東南、正南，山在正北。	午山子向——水在正北、西北，山在正南。
	丁山癸向——水在正北、西北，山在正南。

七運	八運
庚山甲向──水在正東、東北，山在西南。 酉山卯向──水在正東、東北，山在西南。 辛山乙向──水在正東、東北，山在西南。 戌山辰向──水在東南、正南，山在正東。	丑山未向──水在西南、正西，山在正東。 艮山坤向──水在西南、正西，山在正東。 寅山申向──水在西南、正西，山在正東。 丙山壬向──水在正北、西北，山在西南。 庚山甲向──水在正東、東北，山在東南。 酉山卯向──水在正東、東北，山在正南。 辛山乙向──水在正東、東北，山在正南。 壬山丙向──水在正南、東南，山在正北。

九運

子山午向——水在正南、東南，山在東北。
癸山丁向——水在正南、東南，山在東北。
艮山坤向——水在西南、正西，山在正北。
寅山申向——水在西南、正西，山在正北。
丙山壬向——水在正北、西北，山在東南。
午山子向——水在正北、西北，山在東南。
丁山癸向——水在正北、西北，山在東南。
未山丑向——水在東北、正東，山在西南。
酉山卯向——水在正東、東北，山在西北。
辛山乙向——水在正東、東北，山在西北。
戌山辰向——水在東南、正南，山在正西。

兼向——挨星替卦

兼向之說提出，凡局中山向之位置偏左或偏右至若干度，其氣即雜而不純，要用兼向替卦來代替原來之卦。如坐子向午而偏向壬，即為子山午向兼壬丙；如子山午向而偏向癸，就為子山午向兼癸丁。

兼向有三種不同之情況：（一）同性相兼，如子癸、乙卯、午丁、酉辛為陰陰之兼；艮寅、巽巳、坤申、乾亥為陽性相兼；（二）陰陽相兼，如壬子、丑艮、甲卯、辰巽、丙午、未坤、庚酉、戌乾，即一陰一陽而互兼；（三）出卦相兼，也就是利用二十四山按八卦之分佈，又每卦內有三個山向之原理，得出如在一卦與一卦之山向相兼即為之出卦相兼。如壬子癸為坎卦，丑艮寅為艮卦，又癸兼艮，艮兼癸為出卦相兼。因其卦氣不同，故如不用兼向則落空亡，不得不用兼向。

至於何時用正向與何時用兼向是有一定之規定的。由於每一山向共有十五度，而分中則每邊為七度半，故如偏左或偏右超過三度半，即要用兼向替卦來代替原來的山向飛星之數。事實上，其代替之數是有一定的，而其陰陽順逆走向亦有一定的。

二十四山配九星兼向之數（但有十一個方位替星與本星之數一樣，替無可替）：

壬——二黑巨門土
△子——一白貪狼木
△癸——一白貪狼木
丑——七赤破軍金
艮——七赤破軍金
寅——九紫右弼火
甲——一白貪狼木
卯——二黑巨門土

乙——二黑巨門土
辰——六白武曲金
巽——六白武曲金
巳——六白武曲金
丙——七赤破軍金
△午——九紫右弼火
△丁——九紫右弼火
△未——二黑巨門土

△坤——二黑巨門土
申——一白貪狼木
庚——九紫右弼火
△酉——七赤破軍金
△辛——七赤破軍金
△戌——六白武曲金
△乾——六白武曲金
△亥——六白武曲金

註：△替卦與本星之數相同之山向。

而陰陽順逆則根據其山向陰陽而定，與飛星山向陰陽順逆相同。例如：

九運戌山辰向兼乾巽（即坐戌向辰但偏向乾巽超過三度半以上）

戌山辰向飛星圖

向辰

八 ⑨ ⑨	四 5 4	六 7 2
七 8 1	九 1 8	二 3 6
三 4 5	五 6 3	一 2 7

坐戌

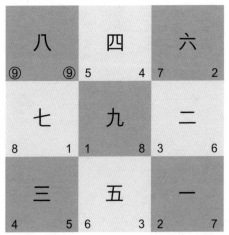

戌山辰向兼乾巽替卦圖

下圖戌山辰向兼乾巽，其坐方挨星為一，一為壬子癸，代替戌乾亥之方。因戌為第一個字，故以壬子癸的第一個字「壬」來代替，又壬的替卦為二黑巨門，故以二入中代替山星一。向方挨星為八，為丑艮寅，即以丑代替辰。丑之替卦為七赤破軍，故向方以七入中代替原來之八。而坐方挨星壬為陽，故二入中順飛，又向方挨星丑屬陰，故七入中逆飛，得出下圖。

此圖向上之星為八，與丙方三合生成之數，可用催官水法。且丙方挨星為四，亦可逆飛得城門訣。而當元之山向旺星在東方，即東方有水則可變成當元旺水。

向辰

八 ① ⑧	四 6 3	六 8 1
七 9 9	九 2 7	二 4 5
三 5 4	五 7 2	一 3 6

坐戌

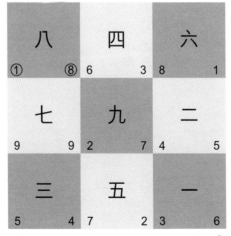

八運壬山丙向兼亥巳

壬山丙向飛星圖

此局壬山丙向兼亥巳，其坐方挨星為四，四為辰巽巳，而辰之替卦為六白武曲，所以坐方以六入替。而辰為陰，所以以六入中逆飛。

至於向上挨星為三，三為甲卯乙，甲之替卦為一白貪狼，所以向方以一白入中，而甲為陽，所以一入中順飛。

向丙

七 5 2	三 9 7	五 7 9
六 6 1	八 4 3	一 2 5
二 1 6	四 8 8	九 3 4

坐壬

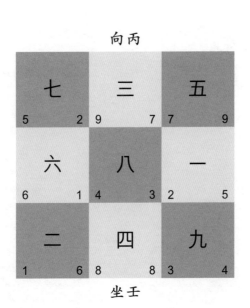

壬山丙向兼亥巳替卦圖

向丙

七 7 9	三 2 5	五 9 7
六 8 8	八 6 1	一 4 3
二 3 4	四 1 6	九 5 2

坐壬

此局之向星變為五，旺星變為東面·所以此局東面有水即成旺水。又未方五逆飛可得城門訣。

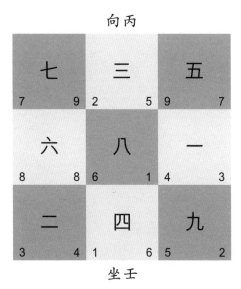

七運卯山酉向兼乙辛（山無替而向亦無可替，即替而不替）

卯山酉向飛星圖

	六 6　1	二 1　5	四 8　3	
坐卯	五 7　2	七 5　9	九 3　7	向酉
	一 2　6	三 9　4	八 4　8	

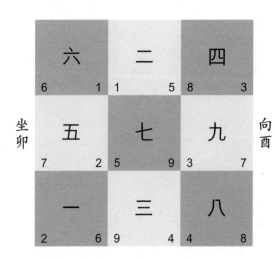

卯山酉向兼乙辛替卦圖

此局卯山酉向兼乙辛，坐方五到山無替可用，依然以五入中逆飛。

向上九為丙午丁，午之替卦亦為九，所以仍以九入中逆飛。雖與飛星局同為旺山旺向，但兼向局與飛星局字字相同，犯出卦陰陽差錯，以致不能以旺山旺向論。

所以每遇這種情況，只可用正向，不能用兼向。即使因外局山水情況而不得不用兼向，亦只宜偏一、二分，不能偏太多。

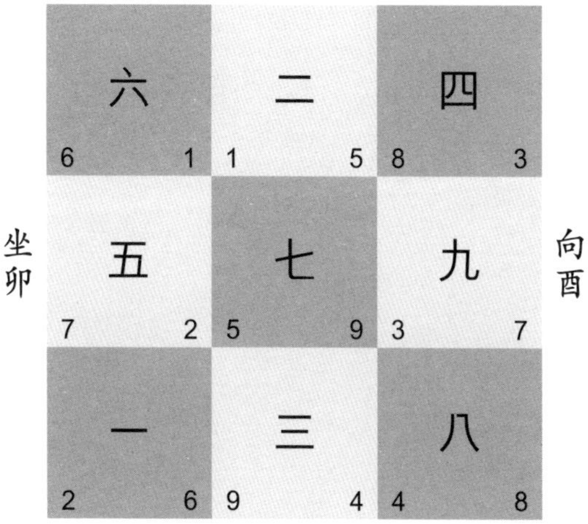

七運艮山坤向兼寅申（向有替而山無替可用）

艮山坤向飛星圖

向坤

六 2 3	二 6 8	四 4 1
五 3 2	七 1 4	九 8 6
一 7 7	三 5 9	八 9 5

坐艮

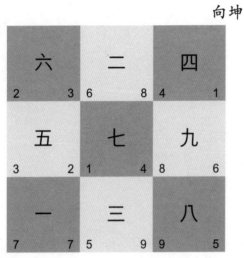

艮山坤向兼寅申替卦圖

此局七運艮山坤向兼寅申，坐方艮之替星為一，一為壬子癸，子替艮，子之替卦為一白貪狼木，其數亦為一。故坐方仍以一入中逆飛。

向方坤之替星為四，四為辰巽巳，巽代坤，巽之替星為六白武曲金，故向方以六入中順飛，得出以上之圖。

向坤

2 六 5	6 二 1	4 四 3
3 五 4	1 七 6	8 九 8
7 一 9	5 三 2	9 八 7

坐艮

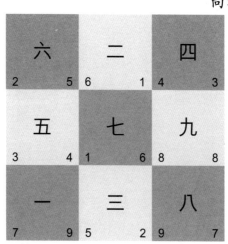

兼向之說，似極神妙，又似極神秘，因歷代都秘而不傳，即使傳亦只吐一半而藏一半。

但以本人勘察陽宅的多年經驗看來，要正確定出二十四山之坐向，已有困難，更莫說偏一、二分為正向，偏三、四分為兼向，就連能否把此說用於陽宅之上，也實有懷疑。且根據筆者多年之經驗，其實只用二十四山向飛星，加上八宅法互相參合混用，已於陽宅之算計上十分準確．毋須再用兼向。

飛星之應用方法

飛星應用之法，在教各位起局之時已略有提及，但未得全面，故現在此篇再詳細說明。其實，飛星不外乎四局：（一）旺山旺向；（二）上山下水；（三）雙星到山；（四）雙星到向。

大多數人皆以旺山旺向為最佳，上山下水為最凶。其實這是不一定的。雖然旺山旺向即旺財旺丁；上山下水即損財傷丁；雙星到山即旺丁不旺財；雙星到向即旺財不旺丁。然而，旺山旺向不一定最佳，因現代陽宅，每多遷移，人們不會長居在一屋之內，住上三五十年。所以，不一定要一間旺財旺丁之宅，而是要因應個人之情況來選。如年青一代，最重財富，當以雙星到向，旺財不旺丁為佳，如能配以七星打劫之局則更妙；至有兒有女之時，因要顧及兒女之身體，則以旺財旺丁為佳。如體弱多病，手頭錢銀不缺，又或從事公職或收入穩定之人士，就當以旺丁不旺財之屋為上。然損財傷丁之宅則任何情況皆以凶論，即使以風水佈局來補救，亦不長久，當以盡快遷出為妙，另尋一更佳坐向之宅。

風水最重要者為佈局，而非擺設，又獅子、老虎、麒麟等猛獸，以少用為妙，因用天然五行之氣，已足以起催財、旺丁之效，而五行天然之氣即木、火、土、金、水之氣。

現把木、火、土、金、水之代表物件，列出如下：

五行	代表物件
木	其數為三、四，可用三個或四個銅錢，其物件為植物，其色為青綠。
火	其數為九，可用九個銅錢，其物件為燈及一切發熱的東西，其色為紅、橙、紫。
土	其數為二、五、八，因二為二黑病符，五為五黃死符，故其數不用，而專用八，可用八個銅錢。其物件為石頭，其色為米、黃、啡。
金	其數為六、七，可用六個或七個銅錢，其物件為金屬，其色為白、金、銀。
水	其數為一，可用一個銅錢，其物件為水，其色為黑、灰、藍。

飛星局中，每格均由三個數字組成，分別為運星、山星、向星。

而每星亦有五行之代表，且各具吉凶。總而言之，二、三、五、七為凶（但現為下元八運，所以七為暫退之星，故不作凶星論）；一、四、六、八、九為吉，當中八、九為左輔右弼，遇凶則凶，遇吉則吉，但因現為八運，故八為當旺之星，為財星。又局中飛星相剋亦為凶，需要化解之——

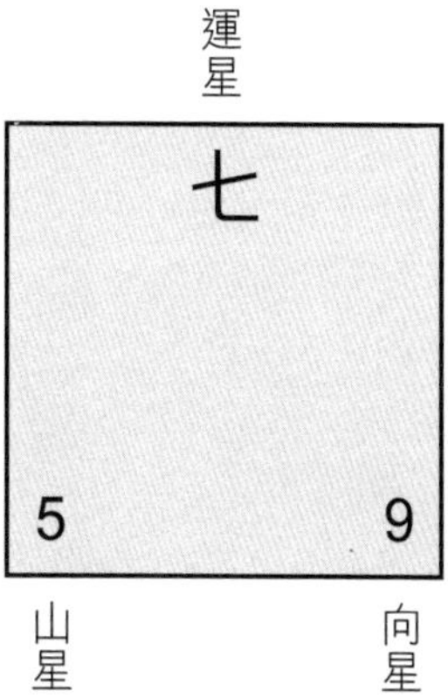

如局中山星為一，向星為九，一九交戰，需以木化解之。又如五黃遇九紫火，火生土旺，生旺五黃亦凶，就要用金水洩之，以金洩土，以水制火。又如六、七為交劍煞，因六、七同屬金，過剛則折，宜用水化之。

此外又有遇流年星、流月星而產生變化，亦需注意及化解。總之，生旺了凶星之氣為凶，交戰亦為凶。

化解凶星之力最宜洩之，如三碧蚩尤為爭鬥之星，首用火洩之，但再遇二則二、三土木交戰，為鬥牛煞，主官非禍事，如用火洩之則木生火而火生土，生旺二黑病符，如不化解，則二黑、三碧同惹禍。在無計可想之下，可用金來化解，因金能洩土而制木，制伏純良而禍輕。

又三遇七為穿心煞，金木交戰，宜用水化解，使其金生水，水生木。如此觸類旁通，望讀者能靈活運用。

大門方向

又飛星本局各宮亦有各自之生剋，如大門剋入中宮或中宮剋出大門、大門生入中宮或中宮生出大門，或與大門同旺等。又有向星生山星或山星生向星等，皆宜注意。又向方不一定是開門之方向，因每局九方皆可開門。

例子如下：

八運坐子向午

	東南	南 向午	西南	
	七 3 4	三 8 8	五 1 6	
東	六 2 5	八 4 3	一 6 1	西
	二 7 9	四 9 7	九 5 2	
	東北	坐子 北	西北	

此局坐子向午，但並不代表一定午方開門，其實九方皆可以開門。前面三方開門，其理易明，但其他六方怎樣開門，便要加以説明。現列九方皆可開門之例如後：

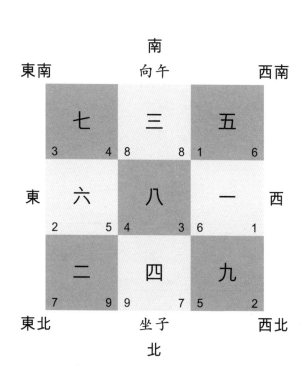

大門向南

南方開門

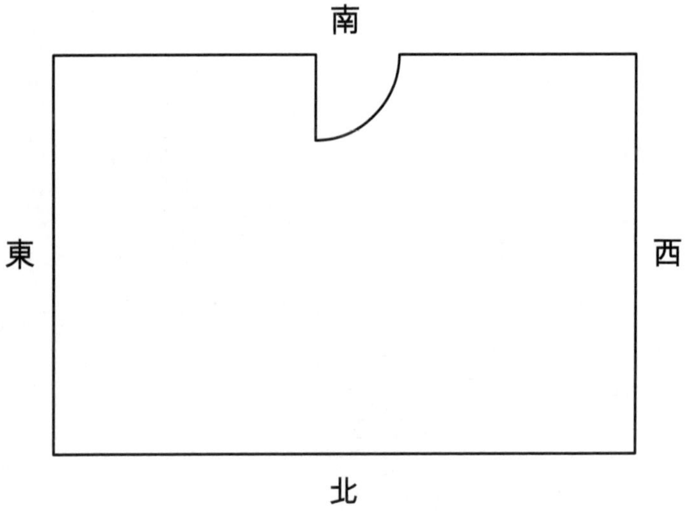

大門向南

西南方開門

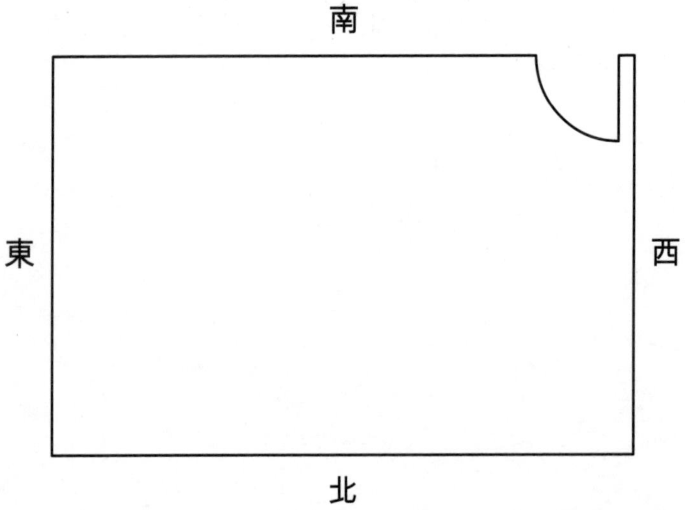

大門向南
西方開門

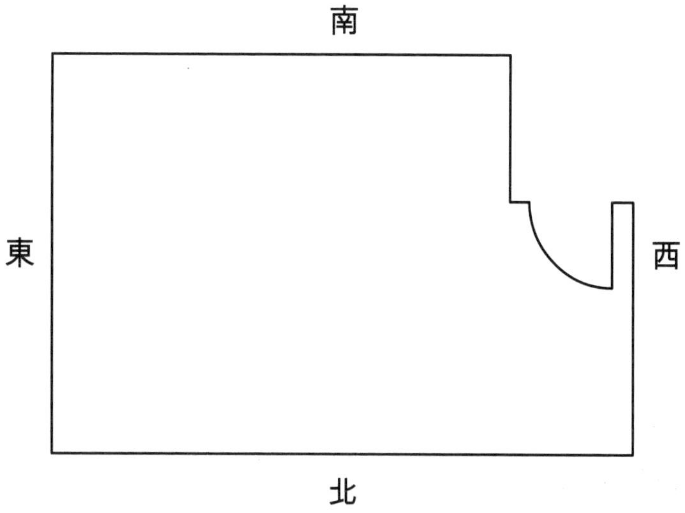

大門向南
西北方開門

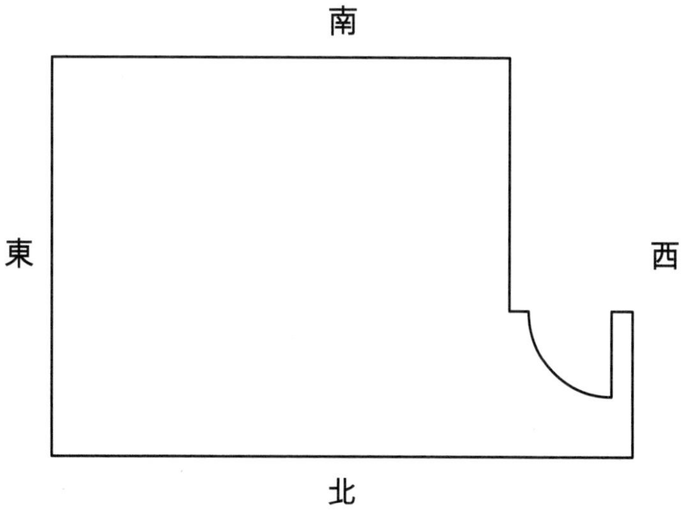

大門向南

北方開門

（北方與中宮開門，大多會出現於商業大廈，因大型商業大廈之電梯多數置於大廈之中央，如佔用整層建築物，便很容易出現在底部或中央開門之情況。）

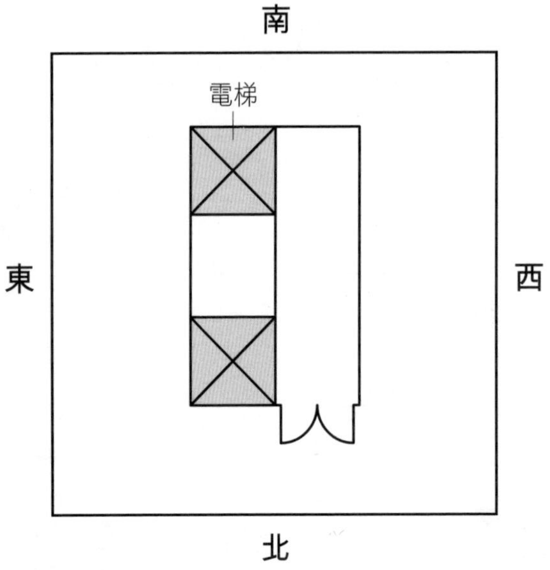

大門向南
東北開門

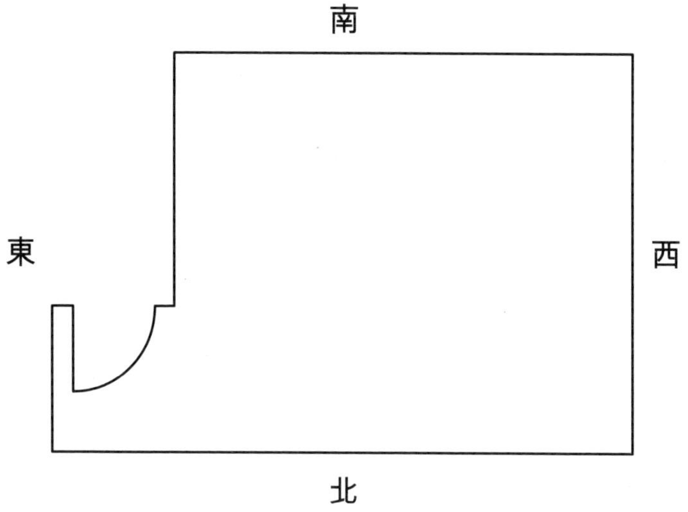

大門向南
正東開門

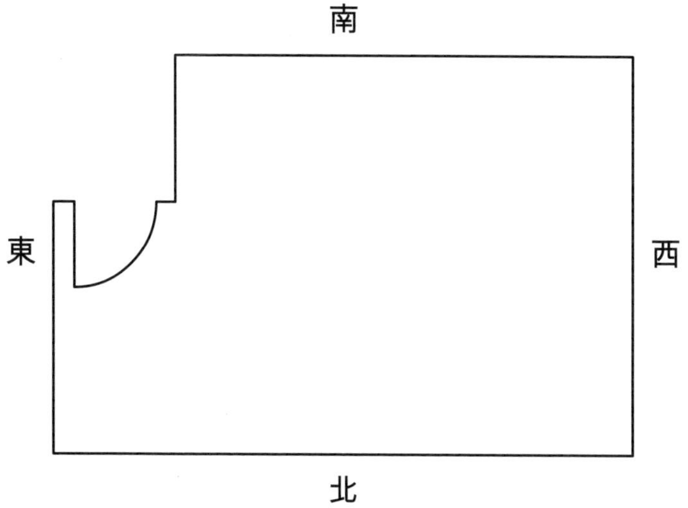

大門向南
東南開門

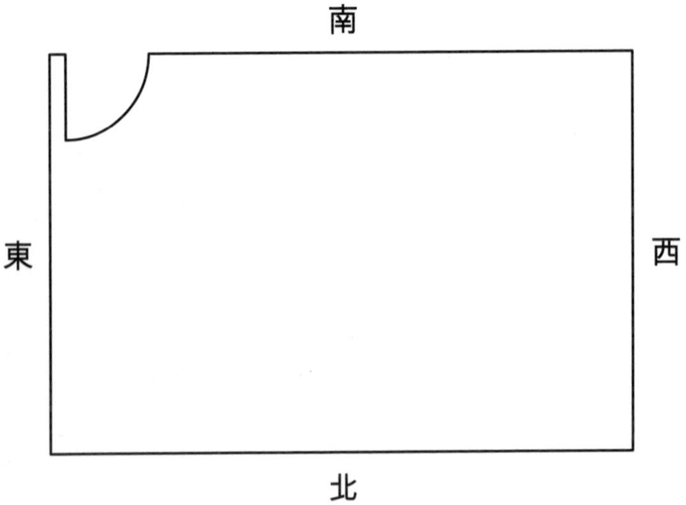

大門向南
中宮開門

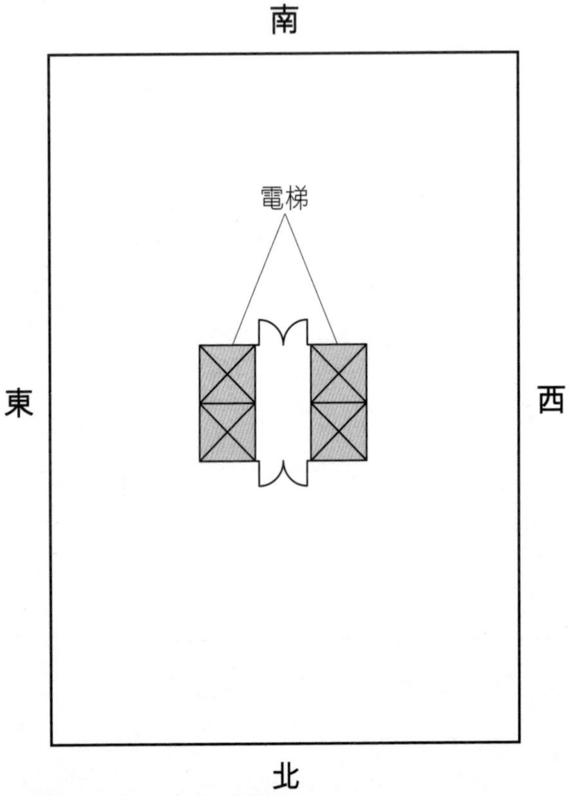

從以上九圖可得出，其實坐北向南，九方皆可開門，不獨坐子向午如是，其他坐向皆如是。所以，我們要小心分辨大門之吉凶星數。

七運坐子向午

七運坐子向午局，東南、正西門為一四，四一同宮利文昌考試；正南、西南為八六，六八同宮，利異路功名、利財；正東、東北為五九，九五同宮，九紫火生旺五黃土，易生疾病；西北、中宮開門為二三鬥牛煞，易有官非是非；正北開門，七運旺星到門為旺門，當運速發利財。

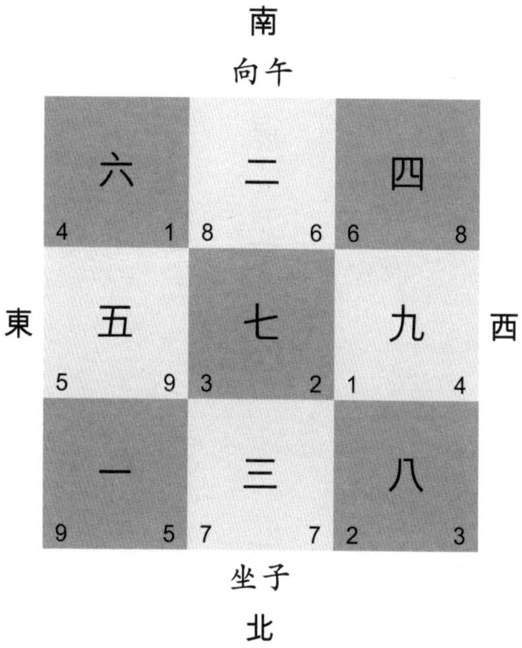

又開門方宜山星生向星、剋向星或與向星同一五行，因此等皆為旺、為吉。但向星生山星，向星剋山星為生出剋出為弱，故即使大門在旺方亦要減分。

如以此局南方為八生六為例，為山星生向星，為旺，加分；而西南方則向星生山星為洩氣，為弱，減分。

此外，尚需注意流年流月星到大門所構成之吉凶影響。如以二〇一〇年八白入中順飛為例（見下圖），二〇一〇年五黃到西南方，如此局開西南方門雖為旺入利財，但局中人易生疾病，宜加以化解。

		南		
	七	三	五	
東	六	八	一	西
	二	四	九	
		北		

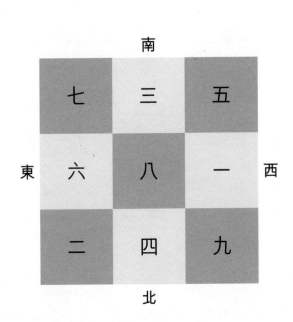

西方一白駕臨，西方開門則流年一生旺西方向星四，且一四同宮利仕途考試。

西北方流年九紫駕臨，但局中西北方向星為三，三碧木生九紫火為生出，為漏財洩財。

正北流年為四，雖然文昌到門，但與原局向星成相剋且剋出，有破財之象，亦易有手腳損傷。

東北方二黑駕臨，與原局之向星五黃成二五交加，損主重病，雖旺入利財，但疾病亦宜化解。

正東方流年為六白武曲金，本為吉星，但因原局東方向星為九紫火，九紫火剋六白金，為剋出為凶。

東南方流年七赤過氣旺星加臨，且生原局東南方向星之一白水，為吉。

中宮流年星為八，與原局二黑同為土，為旺入為吉。

除以上流年星在大門要注意其生入剋入、生出剋出外，其餘八方亦要注意有否交戰、犯煞，如有亦要化解。且流月星亦有一定之影響，可以加其吉，亦可以減其凶，相反亦然。

七運坐午向子（北方開門）

此局坐午向子，正北開門，得旺星到門，利財。

又因坐方為向星八生山星六，故亦利人丁（見下頁圖一）。

且向方向星七剋入中宮亦為入財之局，再加上此局合七星打劫之父母三般卦，亦可與西北向星二相合而成催官局。

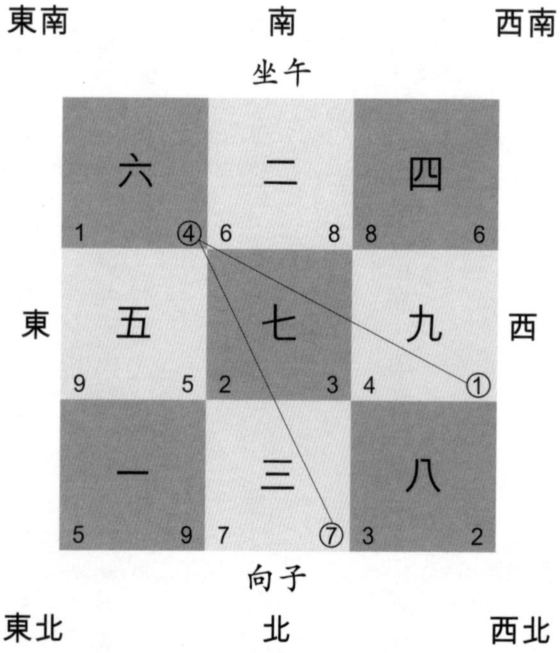

但要注意分房擇用之要訣，此局房①即東南位為一四同宮，利讀書考試。②房為西南位，為八六旺星，主財利。③房正西為四一，一為桃花，雖與東南同為一四，但其力較次。

工人房則位於東北位，東北為五九、為病位，所以此局以工人房最為不利。

廚房在西北方，西北為二、三交戰，廚房屬火，可化解二、三之土木交戰，但

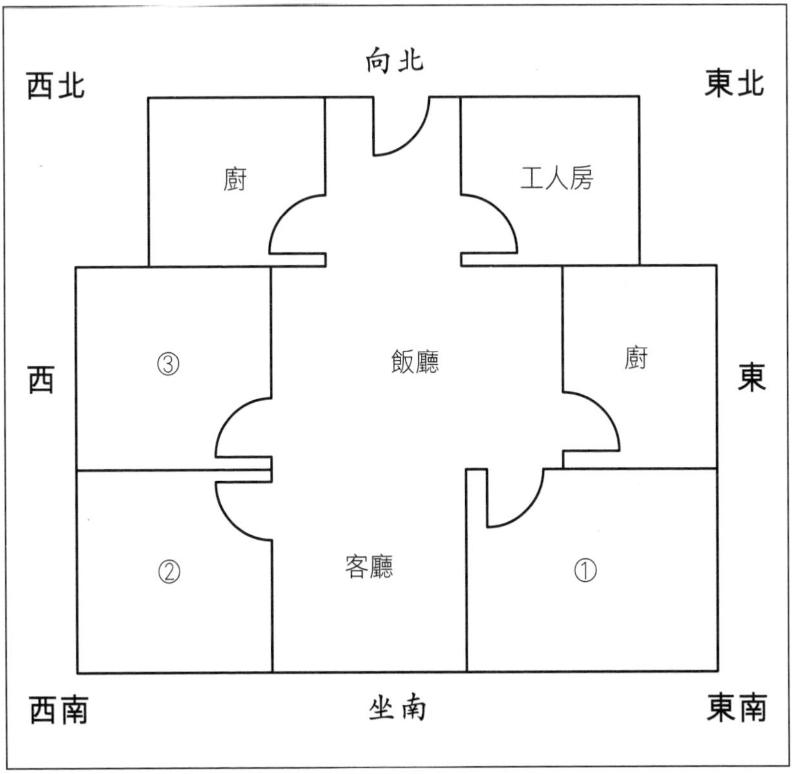

（圖一）

會生旺二黑病符，所以宜用金屬發聲物件化解。

廁所在正東為九五最凶，因五黃已屬凶星，遇九紫火生之，則增其凶性，凶上加凶；尤幸在廁所方，廁所為排洩之地，會把凶氣病氣洩走，所以廁所在凶方無礙。其他如客飯廳，因不會長久逗留，故即使在凶方亦無大礙。

了解原局以後，尚要參看流年之吉凶、生入剋入、生出剋出。例如：

二〇一一流年

二〇一一流年以七入中順飛，至西北為八，正西為九，東北為一，正南為二，正北為三，西南為四，正東為五，東南為六。

		南		
	六	二	四	
東	五	七	九	西
	一	三	八	
		北		

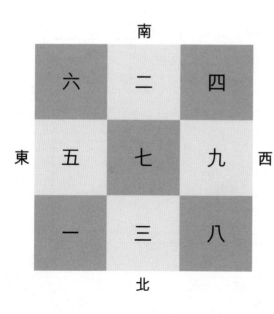

而每年流年最主要留意大門生入剋入或生出剋出。如生入剋入或旺入（即與大門向星五行相同），為入財、為吉；如生出剋出，則為漏財、為凶。其餘最要留意每年之五黃、二黑、三煞、太歲、太歲沖等位置，遇五黃、二黑，宜用金屬發聲物件化解；而三煞方如有動土，即用五行化動土局化解（可參閱《蘇民峰風生水起（巒頭篇）》）。另太歲到門或太歲對沖方皆不宜動土，動土則人口損傷。

如此局午山子向，遇二〇一一年七赤入中，北方氣口流年星為三，為大門向星所剋，為剋出，有漏財之象；五黃在正東方，正好在此局之廁所，無大礙，可化解可不化解；二黑在正南方，正南方為客廳，宜用金屬發聲物件化解。

又二〇一一年為辛卯年，太歲在正東，沖太歲方在對宮正西，如此兩方動土亦以凶論。

其餘各方如西南雖為四綠文昌流年，但遇局中向星六白金，則金木相剋，易有損傷。尤幸四六同為吉星，其凶不顯，但亦可用水化解，使其金生水，水生木；正西方流年九紫與原局正西向星一白水成相沖交戰之象，一九交戰為水火不濟，宜用木去化解，使其水生木而木生火；西北方流年八白財星遇原局二黑病符，土生旺土，宜用金屬發聲物件化解；東北方流年一白水與原局東北方之九紫火成交戰之象，宜用植物化解；中宮七赤金與原局三碧木成金木交戰，宜用水去化解。

二〇一二流年

二〇一二流年飛星為六入中順飛，得出下圖。

正北方二黑土到門，而原局正北山向飛星同為七赤金，能洩二黑病符之氣，又土生金旺，為生入為吉，故此年當有偏財；東北為九紫火，與原局之九紫火同旺，無礙。

		南		
	五	一	三	
東	四	六	八	西
	九	二	七	
		北		

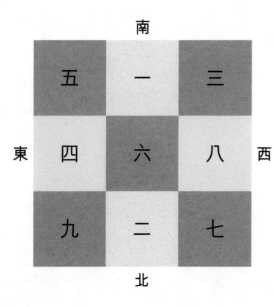

正東為四綠文昌，與原局五黃有木土交戰之象，但因山星為火，故木生火，火生土而能化解，但恐伯會生旺五黃災星，故仍要金水化解。

東南五黃凶星駕臨，且與原局東南方之四綠成木土交戰之象，但因五黃最凶，故以金屬發聲物件以洩五黃之氣。

正南方一白桃花星與原局八白成土水相剋，宜用金去化解，變成土生金，金生水。

西南方流年星為三碧木，與原局向星六白金成金木相剋，宜用水去化解。

正西八白土與原局一白水成土水交戰，宜用金去化解。

西北方七赤金與原局二黑土成二七生成之局為吉。

中宮六白金與原局三碧木成金木交戰，宜用水去化解。

從上圖可得知，每看一宅，所關係者甚多，不同陰宅，只重龍峰向水，一經下葬，即歷多年地運而不變。除非移山填海，影響才明顯。

但陽宅則不然，每每年年不同，月月不同。世人以為陰宅難學，陽宅易得，皆因不明陽宅之變化而已。

從上圖一例，相信各位讀者已知其斷宅方法、流年吉凶判斷及其化解方法。

現將九宮飛星每星相遇之吉凶情況及斷應列給各位讀者參考，但不能以此即判斷其吉凶，因為還要注意外在環境有否煞氣相對，有則凶現，無則事少。此外尚需注意，其星是否當運，當運則吉，失運則凶。

生星、死星

如下元七運，七是旺星，八、九是生星，六、五是退氣星，四、三、二、一是死星。

如下元八運，八是旺星，九、一是生星，七、六是退氣星，五、四、三、二是死星。

現把各運之旺、生、衰、死星列出如下表：

元運	旺星	生星		衰星		死星			
		近生	遠生	衰星	更衰				
一運	1	2	3	9	8	7	6	5	4
二運	2	3	4	1	9	8	7	6	5
三運	3	4	5	2	1	9	8	7	6
四運	4	5	6	3	2	1	9	8	7
五運	5	6	7	4	3	2	1	9	8
六運	6	7	8	5	4	3	2	1	9
七運	7	8	9	6	5	4	3	2	1
八運	8	9	1	7	6	5	4	3	2
九運	9	1	2	8	7	6	5	4	3

飛星紫白訣

現將一至九每星相遇之吉凶情況詳列如下：

一、一——當運時為官星，名利、喜慶、升職；失令時為桃花星，淫蕩、血症。

一、二——腎病、腹病。當運時婦女當權。

一、三——當運時，長子得利，發丁，發財；失運時，長房敗落，官司，盜賊，肝、膽病之應。

一、四——主出文貴，讀書人，貴而不富。

一、五——當運時，五為財星；當衰時則為病死星，主腎病、腰病、中毒、性病等。

一、六——利富貴，得財帛，升遷。

一、七——利桃花，人風流，易酒色傷身，亦利財帛。

一、八——耳病、腎病、不育、早產，不利小兒；當運時利財。

一、九——當旺時，水火既濟，利錢財，旺人丁；失令時，水火不濟，夫妻反目，兄妹不和。

二、二——當運時，富比陶朱；失令時，女性淫蕩，老母多病。

二、三——鬥牛煞，官非禍事，開刀打架，出好賭之人。

二、四——當運時，女性當權；失令時，男有外遇，腸胃病。

二、五——當運時，易得橫財，賭運頗佳；失運時，百病叢生，出鰥夫、寡婦，癌症、病毒、胃癌。

二、六——當令時，子女和順，易得富貴，武職當權；失令時，胃病、寒熱、頭痛等病。

二、七——當令時，婦女掌權；失令時，婦人不睦。

二、八——當令時，田連阡陌，財帛興隆；失令時，家人不睦，易出僧尼。

二、九——婦女當權，財利；失令時，眼目之傷，腹痛。

三、三——當令時，聲名顯赫，權威萬里；失令時，家出盜賊，或被盜賊所劫，爭訟，車禍。

三、四──當令時，發貴，並旺財丁；失令時，出盜賊、乞丐，肝、膽、手腳之病。

三、五──當令時，橫財易得；失令時，主腳腐爛、肝癌、毒蟲咬傷、病毒。

三、六──當令時，得上司寵愛；失令時，刀傷、肝病。

三、七──當令時，出武將；失令時為穿心煞，主破足、官災、劫盜。

三、八──當令時，出文人；失令時，小口損傷、手指病、背疾、足病、車禍。

三、九──當旺時，主出聰明秀士；失令時，目疾、股病、頭痛病。

四、四──當令時，文人輩出；失令時，寡婦當家。

四、五──當令時，文才發富；失令時，乳癌、股病，出賭徒。

四、六──當令時，官禍不侵；失令時，肝膽、股肱之病，官非。

四、七──當令時，婦女當權；失令時，婦女淫亂，閨幃不睦。

四、八──當令時，妻賢子孝；失令時，讀書人愚鈍，出山林隱士。

四、九──當令時，木火通明，有文明之象，出讀書人、聰明秀士；失運時，家嫂爭權，婦人不睦，目疾。

五、五──五黃重疊，當令時，主發橫財；失令時，病毒、血光、癌病。
五、六──當令時，丁財旺，利長房、老父；失令時，小人播弄，丟官失職，病毒。
五、七──當令時，出名醫、律師，旺丁財；失令時，吸毒，口、喉病、肝病，口舌。
五、八──當旺時，丁財兩旺，兒女成才；失令時，少男多病、手臂生瘡、神經病、筋骨痛。
五、九──當令時，財運佳；失令時，目疾、胃病、服毒。
六、六──當令時，武職當權；失令時，易有損傷、意外。
六、七──當令時，武職當權；失令時，為交劍煞，好勇鬥狠，家出盜賊，頭病、肺病。
六、八──當令時，出武職發富；失令時，頭痛、肺病、鼻病、神經病。
六、九──當令時，長壽，利遠方發展；失運時，出逆子弒父、流氓、敗家子，肺病、頭病、吐血之災。

七、七——當令時，女性當權，少女得財；失令時，劫賊入室，火災臨門，口舌是非。

七、八——當令時，出大富，亦出官貴；失令時，錢財易散。

七、九——當令時，合家興旺，家室明亮；失令時，目疾、火災之應。

八、八——當令時，文人輩出，富比陶朱；失令時，讀書人墮落，破財散財，肩背之傷。

八、九——當令時，位列三公，人才輩出，財丁貴，科名旺；失令時，神經病、鼻病、目病、腦充血。

九、九——當令時，文章顯達，名揚四海；失令時，眼病、目病，火災之應。

註：在此再次提醒各位讀者，各星失令時所應之凶事，當需注意外局是否有形煞相應——如看酒色之應，就要觀察外局是否有淫形山水，山形似掀裙舞袖，水有桃花娥眉獻媚等。

如看損傷疾病之應，要注意外局有否有形煞如尖角沖射、穿心煞、天斬煞、路沖、動土煞等。

如要斷夫妻反目、女子不和等事，要注意局外有無反弓水、背向山、人字路等。

如要斷病毒、癌症，要注意局外山勢是否嵾嵯，有否怪石嶙峋、死氣山水。

至於斷吉事之應，則應如此—如要斷財帛之應，要察看局外山形是否成倉成庫，大廈是否四正平穩，有否來水，水流清澈否，屬當運水還是失運水。

如斷文昌發貴，當需察看局外有否圓峰秀水、文筆、筆架之應，如現代之垃圾焚化爐，隔海脫煞之後，可當圓峰文筆之用，電塔亦然（詳請參閱《蘇民峰風生水起（巒頭篇）》）。

風水佈局

風生水起理氣篇

風水佈局（一）——辦公室

當我們掌握了八宅、飛星、飛佈之起局方法後，進一步便要學習風水之佈局方法。無論住宅或辦公室，首要任務是為全盤佈置大局，善用吉凶位置，令格局平和，以收旺財化煞之作用。

又勘察風水最好在裝修之前，因為裝修前所有位置皆未曾定位，可隨風水之吉凶位置佈局。若在裝修後才請風水師勘察，他們就只可用放置物件之方法來化煞催財，其效果當然較次。

現在我先講解辦公室之佈局方法。

第一，要察看大門方向，然後計算吉凶位置，計算此辦公室需要多少個房間、多少個座位，以便開始佈局。

例如以下辦公室坐南向北（見下頁圖一），我們就可以利用變爻換象得出其吉凶位置——財位在東南方，桃花位在西南方，凶位在正西方，並可開始佈局。

八宅圖（離宅）

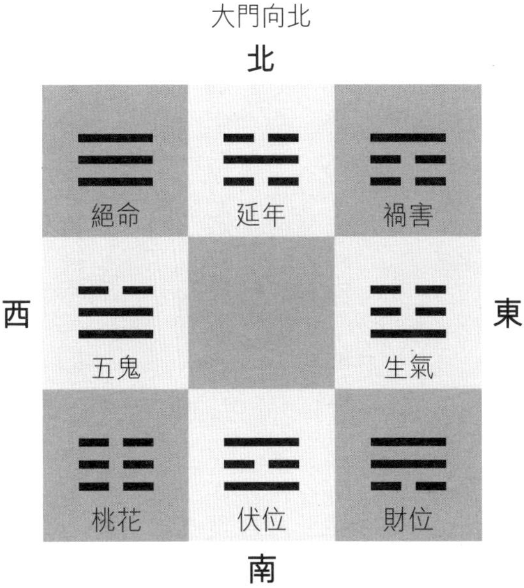

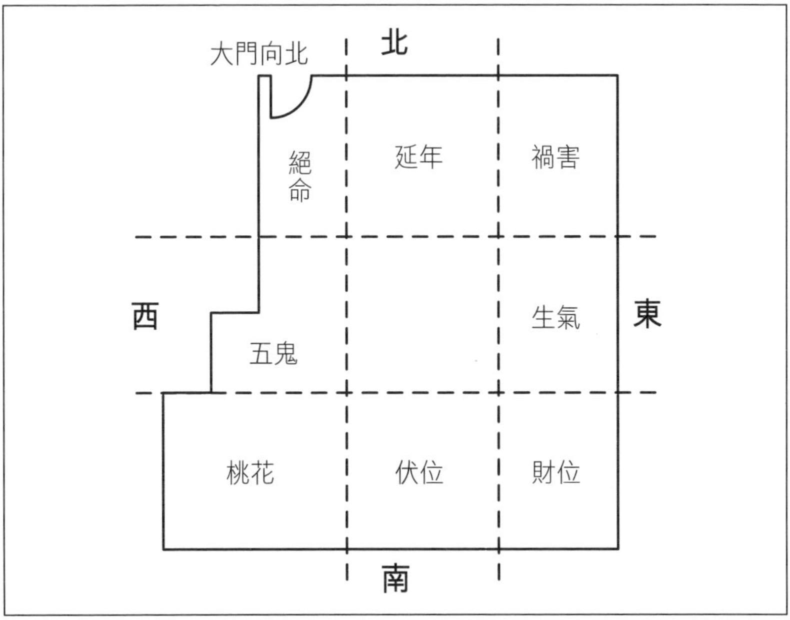

（圖一）

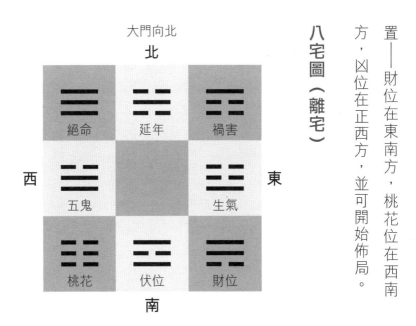

七運坐丙向壬飛星圖（雙星到山，旺丁不旺財）

此局經佈置後格局如下（見下頁圖二）——

東南財位為負責人辦公室，正東生氣位為管理財務之辦公位，桃花位則為外勤人員之座位，最後五鬼位作廁所之用。

又此局以飛星計算為雙星到山，乃旺丁不旺財之局，故宜在大門旁放一魚缸以作催財之用，在伏位放一顆大圓石春，以旺人丁，並在財位放大葉植物聚財。

南

坐丙（坐方為山）

東				西
	六 3　2	二 ⑦　⑦	四 5　9	
東	五 4　1	七 2　3	九 9　5	西
	一 8　6	三 6　8	八 1　4	

向壬（向方為向）

北

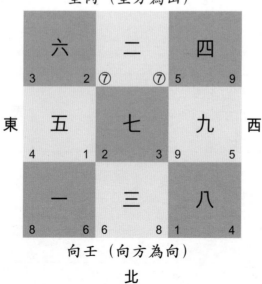

從以上之格局，我相信各位對風水形局之佈置已有一定之了解，最低限度已知道以上佈局並沒有用任何獅子猛獸、風鈴或三叉、八卦等物件，便已佈局完畢。

所以，各位應該知道，看風水並不一定要放置很多物件，而是在有煞氣的時候，才需要放置化解及鬥煞之物件。

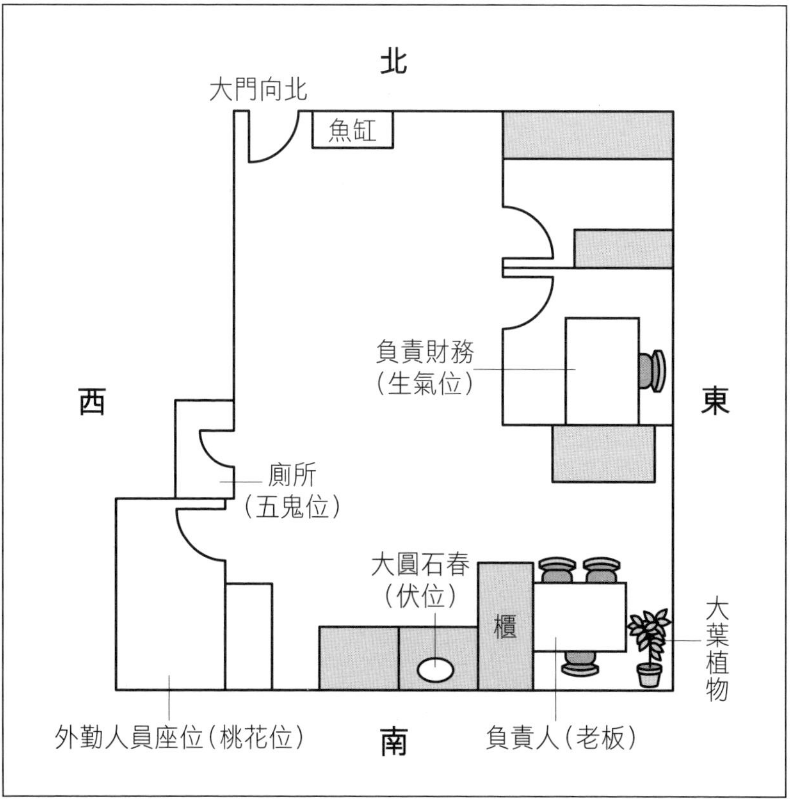

（圖二）

風水佈局（二）——辦公室

我接手佈局的時候，整層樓大約八千呎，全部打通，甚麼東西都未開始裝置。由於我的客戶需要其中大約二千呎的位置作辦公室，於是他們便選了靠海一邊的二千呎位，叫我着手佈局（見圖一）。

此局靠海位置為正西，整個佈局四面為四正位，即正東、正南、正西及正北。

於是我定了一個在七運中最旺的方位——坐西向卯（即坐西向東），因坐西向卯在七運飛星計算是旺丁旺財之局，然後再用八宅法分定吉凶位置。

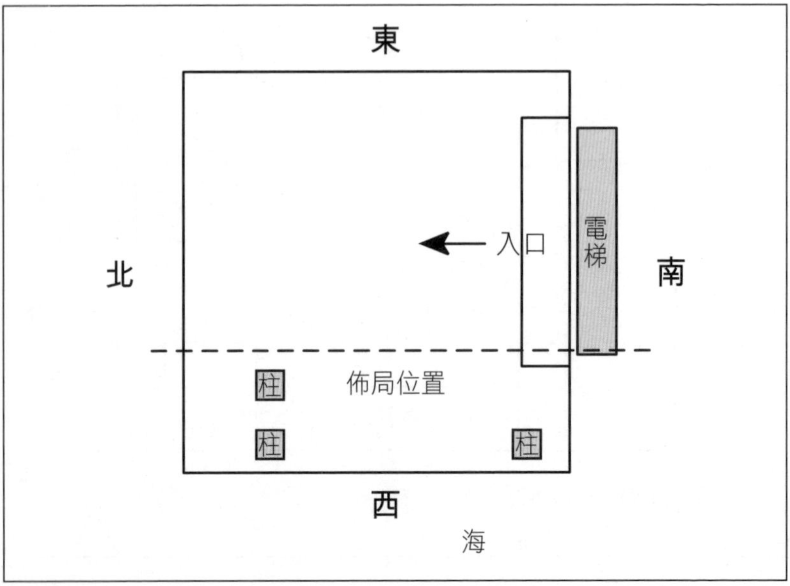

（圖一）

現在，我把飛星及八宅之吉凶位置列圖如下：

坐酉向卯飛星圖

南

西　向酉

東　坐卯

六 ① ⑥	二 5 1	四 3 8
五 2 7	七 9 5	九 7 3
一 6 2	三 4 9	八 8 4

北

八宅圖（兌宅）

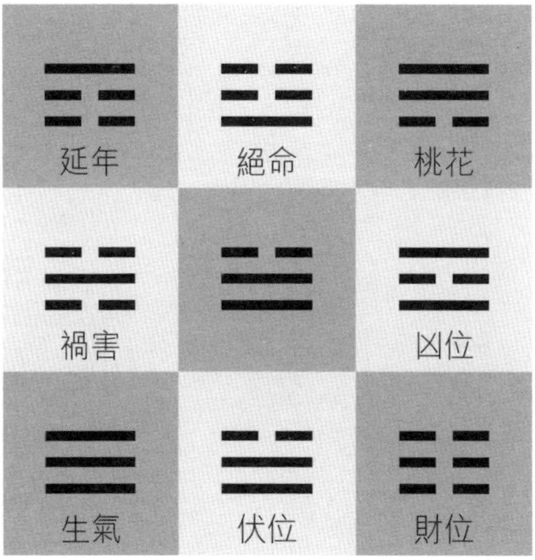

從以上飛星圖得出，七運坐酉向卯為旺山旺向，亦即旺財旺丁之局。

我們從以上八宅圖得出，此局之底部中央為三爻不變（伏位），從左至右與中央兌（☱）卦相比，得出乾卦（☰）為生氣，坎卦（「☵」）為禍害，艮卦（☶）為延年，震卦（☳）為絕命，巽卦（☴）為桃花，離卦（☲）為凶位，坤卦（☷）為財位，中央為控制室。

得出以上飛星、八宅吉凶方位後，便可以開始佈局——

由於此局的客人需要一個自己的辦公室、一個會議室、一個會計室、一個陳列室及一個倉庫等，於是我便充分利用四個吉位及避開四個凶位（見圖二）。

首先，我把會議室設於財位及凶位之間，而開會時，主持人可坐於財位，其他人則坐於凶位。

銷售貨品之陳列室設在財位，主事人之辦公室則設於財位及伏位（即穩陣位）之間，而座位位置在財位內，因主持人生於季春農曆三月，喜水、金，利向西、北，所以安排他面向北而坐；主持人利金、水，故顏色方面亦要選擇冷色調，如白、金、銀、灰、藍等色。

會計室則設於生氣位，而倉庫就設於延年位。

至於其他職員，可向大門方向而坐，這樣便完成佈局。

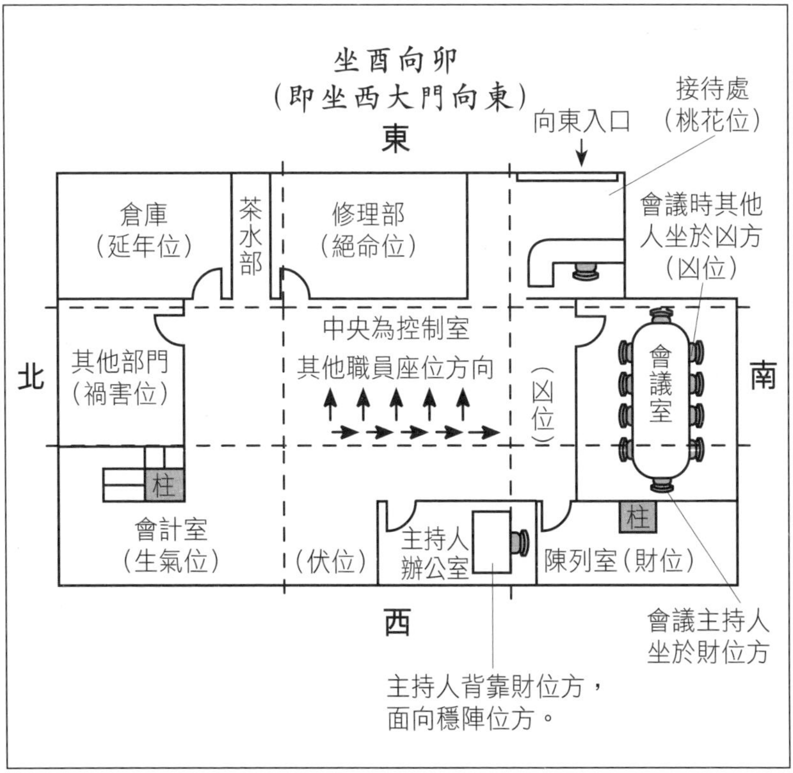

(圖二)

風水配命——牀頭與寫字枱方向及合適之顏色

從風水佈局（二），相信各位讀者也看到，風水佈局原來還要配合主人的命格來佈置方位以及顏色。住宅方面亦需要配合牀頭、書枱之方向，如夏天出生為熱命，牀頭、寫字枱宜向西、北，顏色宜白、金、銀、黑、灰、藍等冷色系列，但要注意黑色不能為主色調。如秋冬出生為寒命，牀頭、寫字枱宜向東、南，顏色宜青、綠、紅、橙、紫等暖色系列，但鮮紅色不能作為主色。

又以上各顏色系列是不用分深淺色的，如藍色，可用天藍、海藍、深藍色等；如紅色，可用粉紅、雪中紅、紫紅、橙紅等色。

又牀頭板所在之方向便是牀頭方向。

為使各位讀者易於知道自己是寒命、熱命或不寒不熱之命（即平命），現定出一個較簡易的方法供各位參考：

熱命——立夏後、立秋前出生。而每年立夏大多數在西曆五月六日，立秋則在西曆八月八日。

寒命——立秋後、驚蟄前出生。而每年立秋多在西曆八月八日，驚蟄多在西曆三月六日。

不寒不熱命——驚蟄後、立夏前，因天氣溫和，所以為不寒不熱。驚蟄多在每年西曆三月六日，立夏則多在西曆五月六日。

寒命因出生於秋冬，氣候逐漸寒冷、樹木落葉之時，有淒涼凋敗之感覺，故喜太陽照暖。而太陽為火，故喜火溫為用，以木生火，因木有扶助火之作用。總的來說，寒命喜木火而忌金水。

熱命生於三夏火旺之時，必以水來滋潤，金來生水，故忌木及火。

不寒不熱命因生於二、三兩月、仲春、季春之時，氣候溫和，故木、火、土、金、水皆可為用，然以金水較佳。

知道命中五行所喜所忌後，進一步便要知道其代表。

五行	代表方位	代表顏色
木	東方	青色、綠色
火	南方	紅色、橙色、紫色
金	西方	白色、金色、銀色
水	北方	黑色、灰色、藍色
土	中央	米色、黃色、啡色

故寒命人牀頭宜向東、南、東南、西南等方向；顏色宜用青、綠、紅、橙、紫等系列之顏色。

熱命人牀頭宜向西、北、西北、東北等方向；顏色宜白、金、銀、黑、灰、藍等系列之顏色。

土屬於中性顏色，如宅中寒命、熱命皆有，大廳可用土系列之顏色，但房間仍以配合自己之顏色為主。

風水佈局（三）——店鋪

店鋪之佈局方法與寫字樓及住宅不同，因店鋪直接對着馬路及行人路，所以車的路向與行人的路向皆有很大的影響，因此，它對於收氣聚氣皆有嚴格之要求，不能有一絲差錯。以下的一個例子便可說明，一子錯，滿盤皆落索。

此局位置在尖沙咀北京道（見圖一），此街方向為南北向。靠國際廣場那邊的店鋪是坐北向南，七運是旺丁不旺財之局，而對面馬路則是坐南向北，乃旺財不旺丁之局。

而我客人所在的店鋪，便在旺財不旺丁那

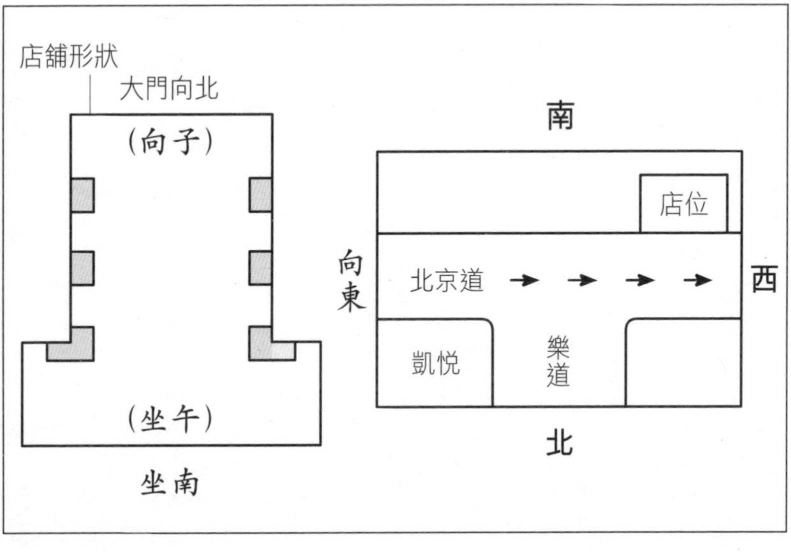

（圖一）店鋪之地理位置及形狀圖

面，但因北京道人口流量極大，所以對丁方面仍有好處。

經過八宅計算出財位及桃花位在底部兩邊，凶位在左中方，再經飛星計算，得出此局為雙星到向，乃旺財不旺丁之局。

坐午向子飛星圖

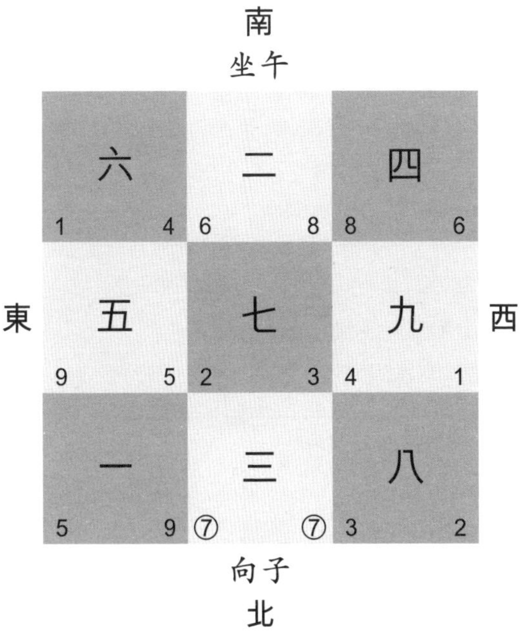

飛星八宅圖（離宅）

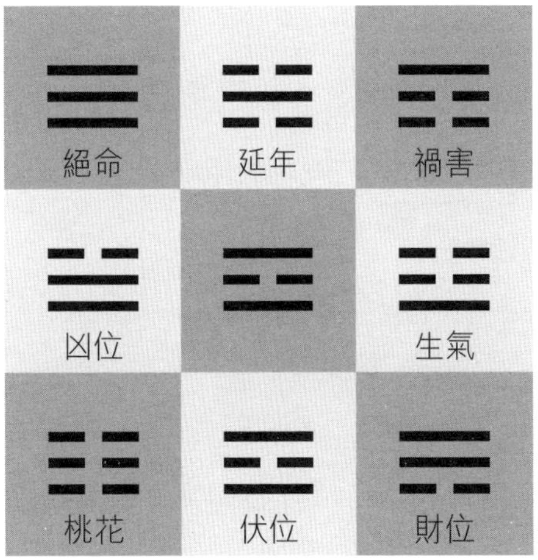

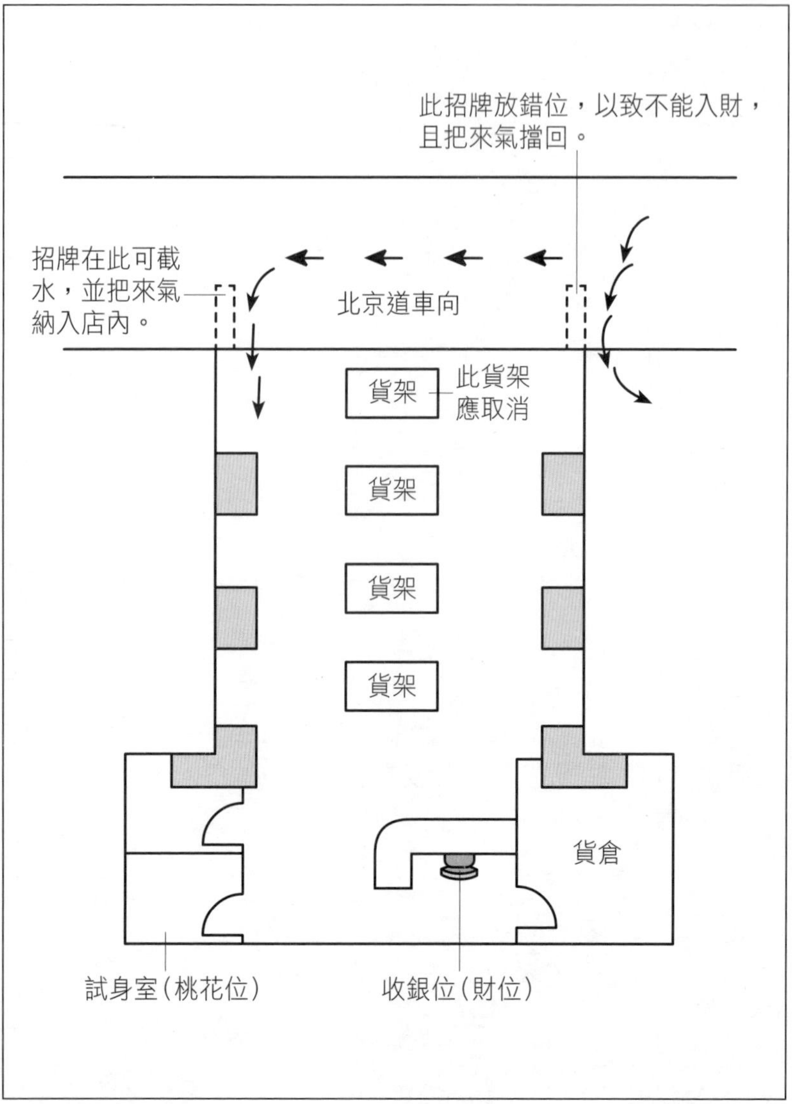
此招牌放錯位，以致不能入財，
且把來氣擋回。
招牌在此可截
水，並把來氣
納入店內。
北京道車向
貨架
此貨架
應取消
貨架
貨架
貨架
貨倉
試身室(桃花位)
收銀位(財位)

(圖二)改後之佈局

此局之佈置——以財位作收銀位置，以桃花位作為試身室之用（見右頁圖二），本為十全十美，但可惜此局裝修好後出現兩大錯處：（一）招牌位左右放錯；（二）貨架放得太出，以致不能納氣納財，實為可惜。結果開店之後生意平平，不能達到預期的效果。

於是我提議店老闆改動室外招牌，並將貨架向內移入三呎，以達到更理想的效果。

風水佈局（四）——大格局的佈置

我們在看風水時，遇上普通之辦公室或住宅，當然可以依照我以上所教的方法佈局，但是如果遇到一些大格局，其佈置方法便有所不同。例如一個一萬呎的辦公室，其凶位方必超過一千呎，我們總不能把那一千呎地棄之不用。所以遇上這種情況，我們只可以避重就輕，把吉位留給重要的決策人用，凶位及其他平位位置則留給普通員工使用，以收風水應有之效果。

如以下一個格局，原本方向為坐南向北，七運為旺財不旺丁之局（見圖一）。但是因為格局容許，所以我把它改成坐西向東，變成七運中旺財旺丁之方向。

又此局財位在右下角，所以我把此處設計成銷售部門及老闆位置（見圖二）；凶位（五鬼）在右中方，於是把那邊設計成比較疏落的座位，以減少坐在凶位的人數；桃花位在右前方，我把那裏設計成電腦室，以存放客戶之資料及外勤人員座位，令該公司與客人關係良好；左邊為靠窗之位置，是用作行政人員之座位，但是只有左下角及左上角為吉位。由於左中間為禍害位，所以又要把比較重要之人員安排坐於左上方及左下方。至此，整個佈局便完成。

坐西（兑）向東（震）八宅圖

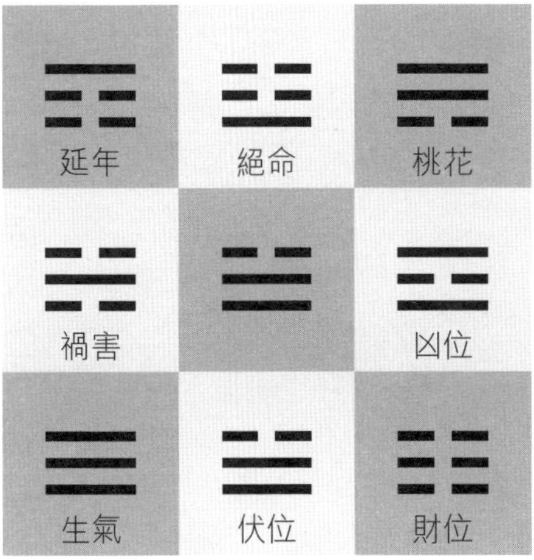

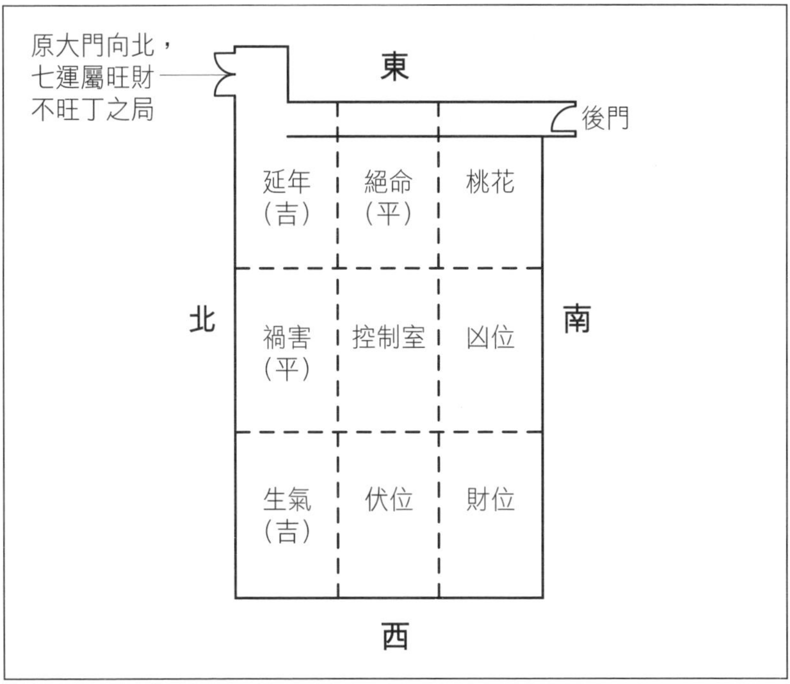

（圖一）原局

坐西（酉）向東（卯）飛星七運圖

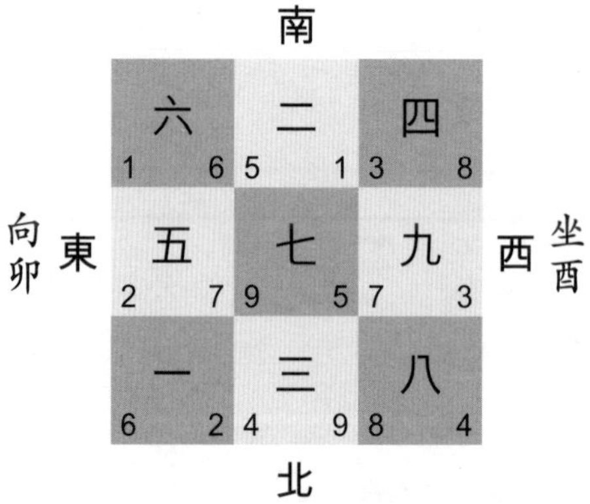

旺山旺向，
旺丁旺財之局

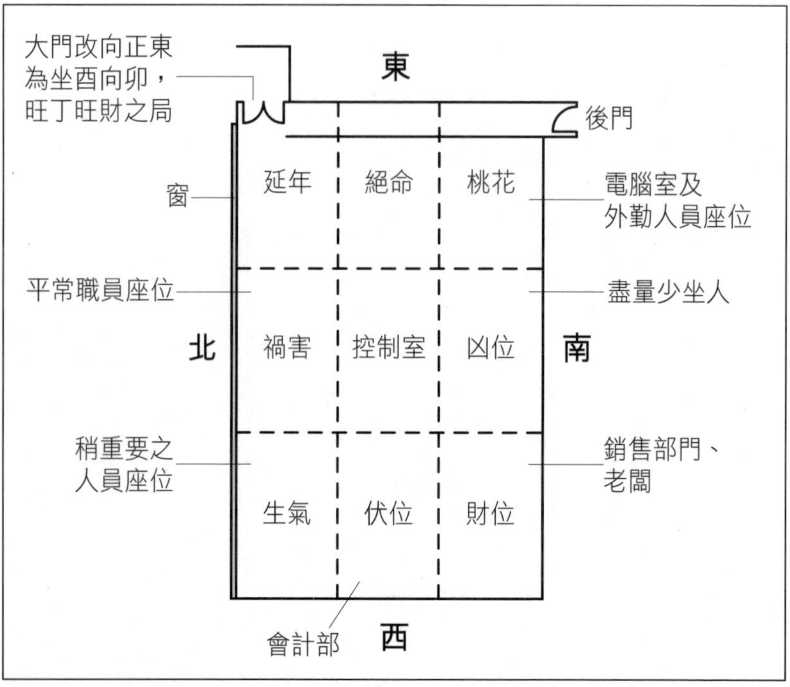

（圖二）改後之佈局

風水佈局（五）——住宅

風水佈局中，以住宅佈局難度最高，因為住宅的限制最多，而且間隔亦大多早已確定，即使戶主想完全依從風水之吉凶方位去佈置，亦因被現代住宅的客廳、飯廳與房間之間的主力牆阻隔而沒法改變。所以，我們在佈置住宅時，應盡量取其要點，即是首先察看廚房會否落在凶位上，財位會否剛巧在廁所，以及主人房會否是桃花位。

如無以上問題，則內局已經算是平穩無大礙。之後再察看廚房與睡房門是否對沖，廁所會否對睡房門及睡牀，以及外圍是否有煞氣動土等。現舉一例如下：

此局坐戌向辰，即坐西北，大門向東南偏東，七運為旺財旺丁之局，但因主人房為桃花位，且廁所沖牀，故不利婚姻、身體。

向辰	南		
	六 9　⑦	二 4　2	四 2　9
東	五 1　8	七 8　6	九 6　4
	一 5　3	三 3　1	八 ⑦　5
		北	坐戌

（西）

七運坐戌向辰，即坐西北向東南，乃旺山旺向，旺財旺丁之局。

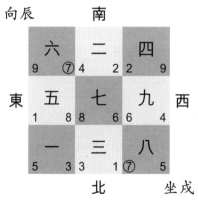

一九九四流年圖

		南		
	五	一	三	
東	四	六	八	西
	九	㊁	七	
		北		

正北為二黑病符，與原局向星一，有土水相剋之象。飛星圖有云：二一同宮主腹疾。土水相剋水受傷，亦主腎、血受損。

八宅圖（乾宅）

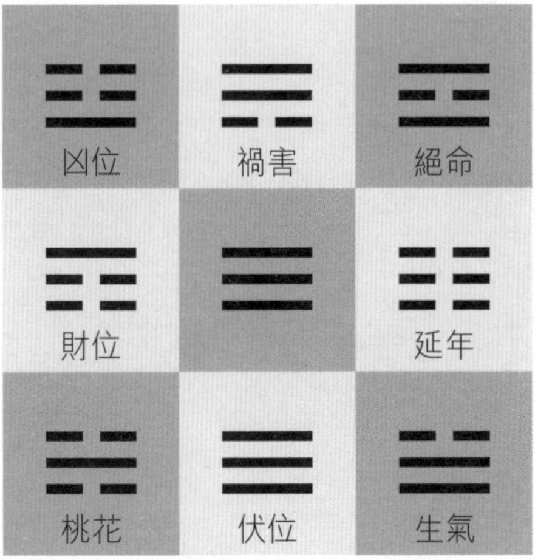

此局兒子房為財位，利身體，亦有利財帛，且房門對廁所門，對單身人士之桃花人緣有利（見圖一）。但大門對主人房門，再對露台門，成一直線，加上大門沖出露台，不單有漏財、破財之象，亦不利主人房居住的人之身體。

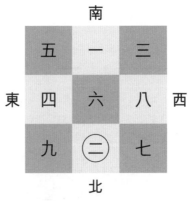

又廚房在凶位，亦對身體不利，尤其是宅主人。

我為宅主人勘察此局之時是一九九四甲戌年，此年五黃大病位在東南方，即大門位置；二黑細病位在正北，即主人睡牀位置；三煞位在

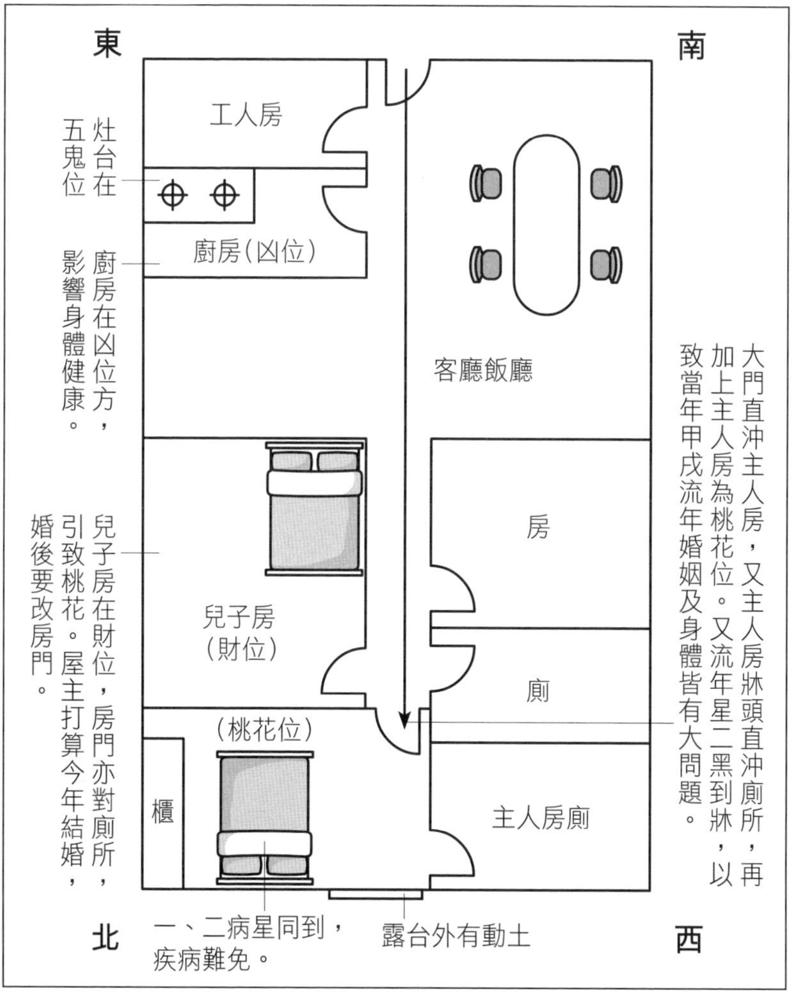
東
南
北
西
工人房
灶台在五鬼位
廚房（凶位）
廚房在凶位方，影響身體健康。
客廳飯廳
大門直沖主人房，又主人房牀頭直沖廁所，再加上主人房為桃花位。又流年星二黑到牀，以致當年甲戌流年婚姻及身體皆有大問題。
房
兒子房（財位）
兒子房在財位，房門亦對廁所，引致桃花。屋主打算今年結婚，婚後要改房門。
廁
（桃花位）
櫃
主人房廁
一、二病星同到，疾病難免。
露台外有動土

（圖一）

正北露台外面。此年剛好有填海工程，為大動土，且犯正當年三煞。

此宅之女主人找我勘察風水之時，已面臨婚姻破裂，且女主人身體亦出現大問題，已經進了醫院兩次。見她之時，她已氣若游絲，是腎臟出了問題，身上還掛着一個尿袋，行動極為不便。

經我仔細勘察以後，發現問題在於大門沖主人房門，然後再沖出露台。又主人房睡牀對廁所門，不利腎、膀胱及泌尿系統，廚房灶台在五鬼位不利身體，加上一九九四年甲戌流年，五黃在大門，二黑在主人房睡牀，三煞位在正北方有大動土。二黑、五黃到門到牀，已經損主重病，而三煞動土更會損傷人口。把問題找出後，便可對症下藥，加以補救。

首先在大門沖露台處放一棵高多葉植物擋沖（見圖二），然後將主人房睡牀改到不會對沖廁所之位置。

再把廚房之灶位改離凶位較遠之處，然後用金屬發聲物件化掉五黃、二黑之土煞，並於三煞動土之處放五行化動土局即可。

最後，她兒子打算於年底結婚，如結婚後他的房門仍對着廁所門，就會影響夫妻感情，所以建議把他的房門位置改至不對廁所門之位置，這樣便大功告成。

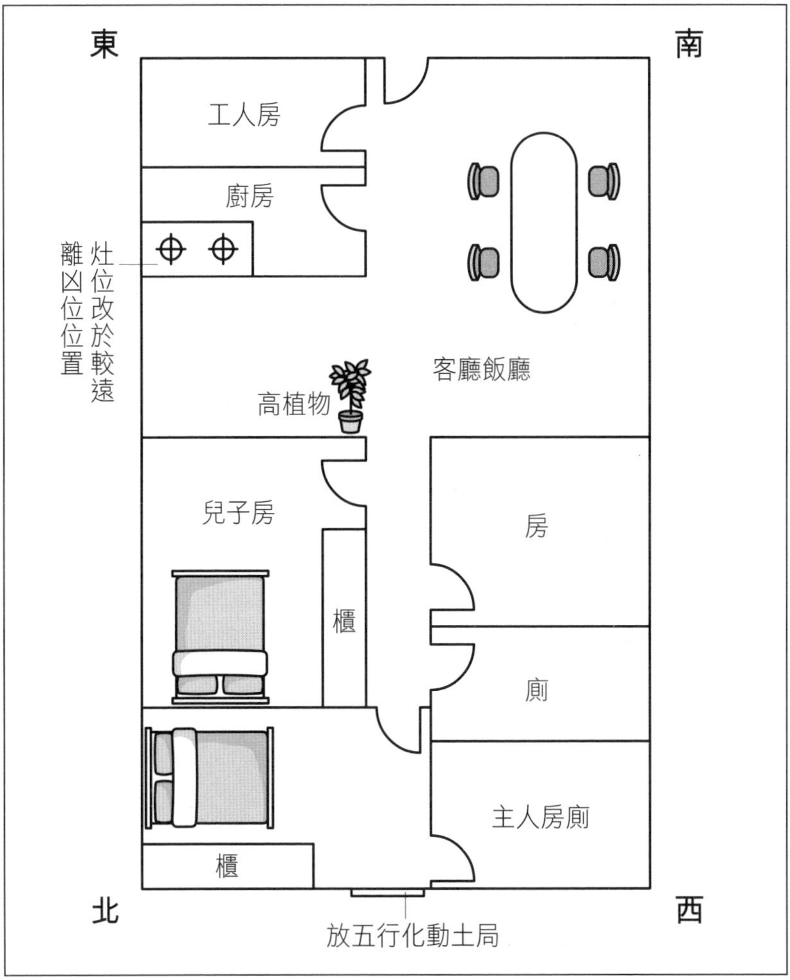

（圖一）

風水佈局（六）——住宅

此局坐南向北，一九九七年遷入，於遷入前先行設計風水佈局。

此局宅主人屬寒命，與妻子同住，其妻亦屬寒命，所以命喜木火，牀頭宜向東、南；顏色宜青、綠、紅、橙、紫。如情況許可，會盡量配合他們的命格。現把圖則繪畫如下（見圖一）。

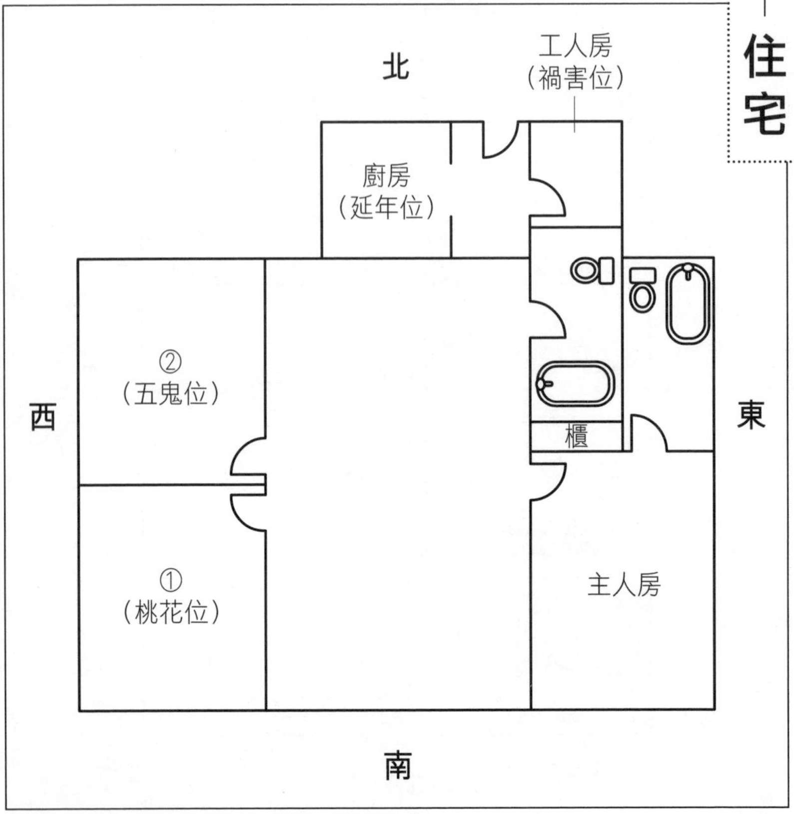

（圖一）原局

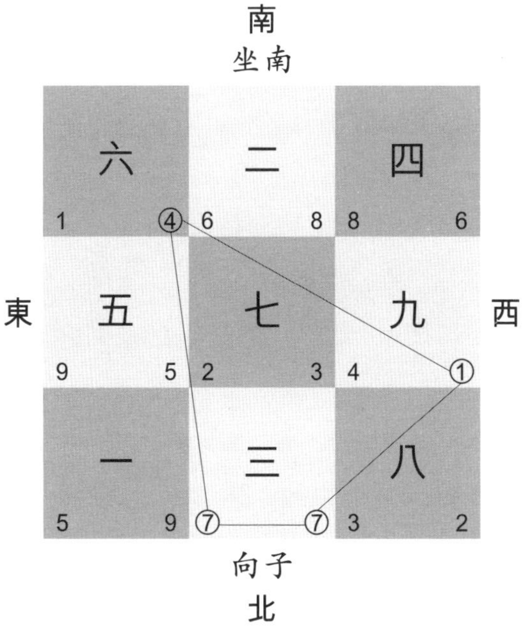

坐午向子飛星圖（七運）

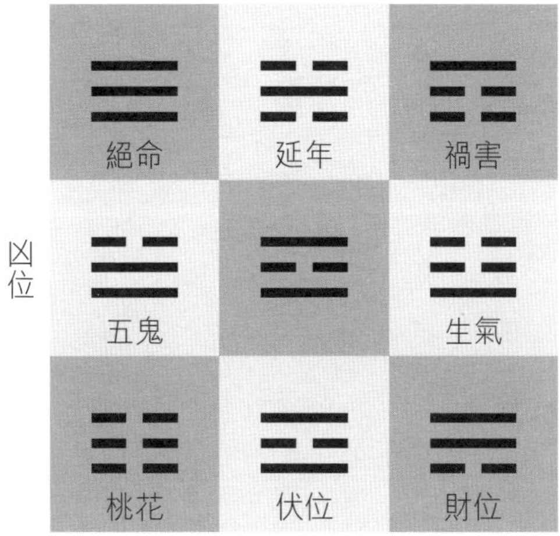

坐南向北八宅圖（離宅）

從飛星圖得出，此局坐南向北（坐午向子），雙星到向，旺財不旺丁，正合年青人居住，而宅主人為年青搏殺一族，剛合此宅。且局中坎、巽、兑配合為父母三般卦，又艮宮可用城門訣，西北二、七又可放催官水。

八宅方面，局中財位在主人房，桃花位在①房，五鬼在②房，廚房為延年，工人房為禍害（見圖一）。

因此宅只有二人居住，只需要一間睡房、一間書房、一間衣帽間，於是我便安排他們住進財位房，但因財位房之廁所門剛好對正房之中間，故不論怎樣安牀都會發生廁所對牀的問題，所以必須略作改動，把廁所門改在旁邊，方便放牀（見圖二）。而後將①房作為書房之用，②房作衣帽間，工人房用作放置雜物及鞋等小物件。

然後再於大門旁放水種植物催財，全間屋之底部中央放大圓石春旺身體健康，保人口平安（但要注意石春要兩掌相合以上之大小才合格）；凶位放葫蘆；財位放夾萬、錢箱、大葉植物聚財。

再安排主人睡牀牀頭向南，顏色用暖色系列，這樣便佈局完畢。

當然尚需注意每年之流年吉凶，五黃、二黑、三煞、太歲所臨之位，以及外局有否動土煞等，如有皆要一一化解。

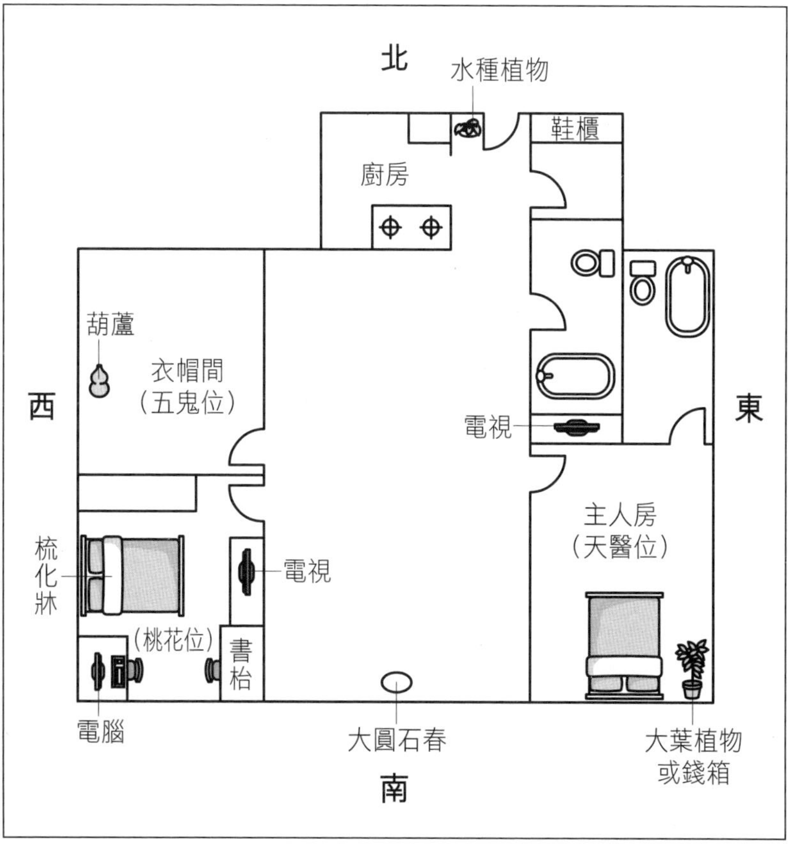

（圖二）改後之佈局

實地勘察須知

看風水要有一定的步驟，如無步驟，便很容易有遺漏。為使各位讀者勘察風水時有所依循，現把每一步驟及細節定出如下：

第一步

首先要留意所在地之區運，山水形勢當運與否，山形水勢是否配合，有無破財水或損丁山。

如七運利東水西山，八運旺東北山、西南水。

又如以大形勢判斷，二、三、四運為江西卦，利西面水；六、七、八運為江東卦，利東面來水；一、九運為父母卦，旺南北水。

倘若外局形勢不佳，山水又不當運，則即使內局飛星、八宅皆配合得宜，亦大打折扣。

第二步

定出所看者為何種建築物，是商場、大廈、平房或村屋等，然後判斷從何處定向。

如整座大廈勘察，當以大廈之大門口定向，如樓上整層佔用，多以電梯門做向；如佔用一層之其中一個單位，當以單位門做向。其他建築物亦應循此法定門向。

第三步

察看大廈之來路、順水、逆水、陰地、陽地等，從而知道適合何種人應用。

第四步

定出大門坐向，所謂「入屋看門口，禍福知八九」。定出大門坐向後，才可以進一步計算飛星、八宅之吉凶情況。如定向錯誤，計算自然錯誤，所以定向為最重要之步驟，決不可以馬虎了事。

由於現代建築物鋼筋、電器比較多，很容易對磁場產生影響，所以要定出八宅已經不容易，還要定出飛星之所佔何宅，實在困難。又飛星每格度數為十五度，如受磁場影響，就難免容易偏差，故此進行量度時，務要小心，應該用羅盤在屋中每一方位進行量度，尤其近窗位置，鋼筋較少，就避免了電梯之影響，較易定出正確方向。

如還不能定出，可能要上大廈高層甚至天台之上，務要把正確坐向定出為止。最後仍無把握，則可利用大廈之平面圖，而平面圖多數附有坐標方向。如從坐標方向所提供之方位進行量度，亦是一個辦法，當然現代還可以借助衛星圖去定向。

第五步

計算飛星、八宅以定出宅中吉凶位置該如何佈局——何處擺放睡牀、梳化，何處為文昌位，應怎樣利用，以及廚房內之爐灶擺放位置等。

第六步

察看宅外形勢，看看窗外有否煞氣、路沖、動土、反光鏡、三叉、八卦等物件，然後加以化解。

第七步

察看宅內形勢，有否大門沖廚房門，廁所對門，廁所對牀，廚房對房，廚房對廁所等。另外，有否財位在廁所，凶位在廚房，如有，又如何化解。

第八步

察看年、月飛星，以定流年衰旺、進財漏財，還要化解五黃、二黑、三煞、太歲、動土等。

第九步

擇定吉時吉日，以供動土及入伙之用。

希望各位讀者能依循本書內所提供之方法，找到自己的理想居室。祝各位讀者生活愉快，身體健康！

風生水起理氣篇

作者
蘇民峰

編輯
梁美媚

美術統籌及設計
Amelia Loh

美術設計
Ken Kan

插畫
Chimpanzee

出版者
圓方出版社
香港北角英皇道 499 號北角工業大廈 18 樓
營銷部電話：（852）2138 7961
電話：2138 7998
傳真：2597 4003
電郵：marketing@formspub.com
網址：http:\\www.formspub.com
http:\\www.facebook.com\formspub

發行者
香港聯合書刊物流有限公司
香港新界大埔汀麗路 36 號
中華商務印刷大廈 3 字樓
電話：2150 2100
傳真：2407 3062
電郵：info@suplogistics.com.hk

承印者
中華商務彩色印刷有限公司
香港新界大埔汀麗路36號

出版日期
二〇一五年二月第一次印刷

ISBN 978-988-8295-82-1
Published in Hong Kong

瀏覽網站

會員申請

巒頭篇

玄學大師蘇民峰糅合其獨創之蘇派風水及近三十年勘察風水的經驗，在本書大談觀察家宅、商舖、辦公室之方法和心得，並全面解構現代建築和環境所形成之煞氣，再以巒頭風水配合理氣風水之計算法則，相輔相成，詳細介紹有效趨吉避凶之室內佈置。

例證篇

打破傳統風水著作只側重理論的做法，透過真實的案例，公開蘇師傅由步入住宅、陰宅或商舖開始，如何逐步觀看內外形勢，盡見巒頭精要。為了完整地將實況呈現，書中更臚列宅主八字、流年、流月飛星等，令全盤形局躍然紙上。

- 解構香港地標性商廈的風水外局，破釋其收財納運之法；
- 剖析填海、動土、地勢對城市及商業風水之意義和影響；
- 論述觀址選鋪的法則，助你成於始、立於本；
- 細釋行業風水的佈局之法，教你巧置一店一室一房之局；
- 附設八宅、九宮飛星等理氣理論，佐以流年旺運佈局。

歡迎加入圓方出版社「正玄會」

登記成為「正玄會」會員

• 可收到最新的玄學新書資訊 •

• 書展"驚喜電郵"優惠 * •

• 可優先參與圓方出版社舉辦之玄學研討會及教學課程 •

• 每月均抽出十位幸運會員，可獲精選書籍或禮品 •

* 幸運會員將會收到驚喜電郵，於書展期間享有額外購書優惠

• **您喜歡哪類玄學題材？**（可選多於 1 項）

□風水 □命理 □相學 □醫卜 □星座 □佛學 □其他 ______

• **您對哪類玄學題材感興趣，而坊間未有出版品提供，請說明：**

______

• **此書吸引你的原因是？**（可選多於 1 項）

□興趣 □內容豐富 □封面吸引 □工作或生活需要

□作者因素 □價錢相宜 □其他______

• **您從何途徑擁有此書？**

□書展 □報攤 / 便利店 □書店（請列明：______）

□朋友贈予 □購物贈品 □其他 ______

• **您覺得此書的價格：**

□偏高 □適中 □因為喜歡，價錢不拘

• **除玄學書外，您喜歡閱讀哪類書籍？**（可選多於 1 項）

□食譜 □旅遊 □**心靈勵志** □**健康美容** □語言學習 □小說

□兒童圖書 □**家庭教育** □**商業創富** □文學 □**宗教**

□其他______

姓名：______ □男 / □女 □單身 / □已婚

聯絡電話：______ 電郵：______

地址：______

年齡：□ 20 歲或以下 □ 21-30 歲 □ 31-45 歲 □ 46 歲或以上

職業：□文職 □主婦 □退休 □學生 □其他______

填妥資料後可：

寄回：香港英皇道 499 號北角工業大廈 18 樓「圓方出版社」

或傳真至：(852) 2597 4003

或電郵至：marketing@formspub.com

＊請剔選以下適用的項目

□我已閱讀並同意圓方出版社訂立的《私隱政策》聲明# □我希望定期收到新書及活動資訊

有關使用個人資料安排

您好！為配合《2012 年個人資料（私隱）（修訂）條例》（《修訂條例》）的實施，包括《2012 年個人資料（私隱）（修訂）條例》中的第 2(b) 項，圓方出版社（香港）有限公司（下稱"本社"）希望閣下能充分了解本社使用個人資料的安排。

為與各曾跟圓方出版社（香港）有限公司接觸的人士及已招收的會員保持聯繫，並讓閣下了解本社的最新消息，包括新書推介、會員活動邀請、推廣及折扣優惠訊息、問卷調查、其他文化資訊及收集意見等，本社會不時向各位發放相關信息。本社會使用您的個人資料（包括姓名、電話、傳真、電郵及郵寄地址），來與您繼續保持聯繫。

除作上述用途外，本社將不會將閣下的個人資料以任何形式出售、租借及轉讓予任何人士或組織。

請填妥後對摺，黏貼後即可直接郵寄謝謝

請貼郵票

寄

香港英皇道499號
北角工業大廈18樓
「圓方出版社」收

圓方出版社

正玄會

• 尊享購物優惠 •

• 玄學研討會及教學課程 •

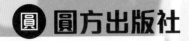